高校入試対策

英語リスニング練習問題

実践問題集　愛媛県版　2025年春受験用

JN132485

contents

1　本書の特長・実践問題集の特長と使い方　1

2　過去の典型的な出題パターンと対策 ……… 2

3　問題と放送文 ………………………………… 3～22

　過去問題A ……………………………………… 3～6

　過去問題B ……………………………………… 7～10

　実践問題A ……………………………………… 11～14

　実践問題B ……………………………………… 15～18

　実践問題C ……………………………………… 19～22

4　解答例と解説 ………………………………… 23～27

　過去問題A ……………………………………… 23

　過去問題B ……………………………………… 24

　実践問題A ……………………………………… 25

　実践問題B ……………………………………… 26

　実践問題C ……………………………………… 27

K　教英出版

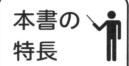

本書の特長

① 基本問題集（別冊）

英語リスニング問題を**7章の出題パターン別**に練習できる問題集です。
愛媛県公立高校入試の英語リスニング問題の**出題パターンを重点的に**練習できます。

② 解答集（別冊）

①基本問題集の解答・解説・放送文・日本語訳などを収録。すべての問題の**放送文と日本語訳を見開きページで見る**ことができ，単語や表現を１つずつ照らし合わせながら復習ができます。

③ 実践問題集愛媛県版（この冊子）

愛媛県公立高校入試の**過去問題**（２回分）と，形式が似ている**実践問題**（３回分）を収録。
愛媛県公立高校入試の**出題パターンの把握**や**入試本番に向けての練習**に最適です。

実践問題集 愛媛県版 の特長と使い方

愛媛県公立高校入試で**実際に出題された**問題です。

愛媛県公立高校入試と**出題パターンが似ている**問題です。

２ページの過去の典型的な出題パターンと対策で出題パターンを把握してから，**過去問題と実践問題**に進んでください。問題を解いた後に**解答例と解説**を見て，**答えにつながる聴き取れなかった部分を聴き直す**と効果的です。別冊の**基本問題集**で出題パターン別に練習して，**出題パターンに合った実力**をつけてからこの冊子に進むと，**過去問題と実践問題**をよりスムーズに解くことができます。

音声の聴き方

教英出版ウェブサイトの「**ご購入者様のページ**」に下記の「**書籍ＩＤ番号**」を入力して音声を聴いてください。

ID 190038 （有効期限 2025 年 9 月）　　　　　ＩＤの入力はこちらから→

過去の典型的な出題パターンと対策

▶ **絵・グラフ** … 対話や英文を聞き，絵やグラフを選ぶ　⇄ 別冊　第1章

放送文

> (Aya): I visited Okinawa for three days last week.
> (Bob): That's nice. It's snowy here today, but how was the weather in Okinawa?
> (Aya): It was rainy on the first day. But on the second day it was cloudy, and on the third day it was sunny at last.
> Question: How was the weather when the girl arrived in Okinawa?

問題

対話を聞いて，質問に合う絵をア～エから1つ選び，記号を書きなさい。

| ア 晴れ | イ くもり | ウ 雨 | エ 雪 |

▶ **次の一言** … 対話を聞き，次の言葉を選ぶ　⇄ 別冊　第2章

放送文

> Yuka : Good morning, Bob. I have good news.
> Bob : Oh, you look so happy. What happened, Yuka?
> Yuka : （チャイム音）

問題

対話を聞いて，チャイム音の部分に入る発言として適切なものをア～エから1つ選び，記号を書きなさい。

ア　I feel tired now.　　　　　　　イ　I won the prize in the piano contest yesterday.
ウ　I lived there last year.　　　　エ　I'd like to know when they'll meet tomorrow.

▶ **英文と質問(複数)** … 英文を聞き，複数の質問の答えを選ぶ　⇄ 別冊　第6章

放送文

> Now I'm going to talk about my classes in Japan. We often make groups and learn a lot of things from each other. Talking with the group members is very important for us because we can share different ideas. Here in America, I want to enjoy classes. So I will try to exchange ideas with you in English.
>
> Questions: No.1 Why does Sakura talk in groups during her classes in Japan?
> 　　　　　　No.2 What does Sakura want to say in her speech?

問題

英文を聞いて，それぞれの質問に合うものをア～エから1つ選び，記号を書きなさい。

No.1　ア　To make groups.　　　　No.2　ア　How she learns in her classes.
　　　イ　To write a letter.　　　　　　　イ　Which university she wants to go to.
　　　ウ　To share different ideas.　　　　ウ　When she decided to go to America.
　　　エ　To see many friends.　　　　　　エ　Who taught her English in Japan.

Point

対策ポイント

英文と質問(複数)の問題では，音声を聞く前に問題を見て選択肢を比べ，音声の内容を予想しよう。英文を聞くときは，選択肢に関わる内容を特に注意して聞き，メモしよう。また，質問では誰(何)についての質問かを聞き取ることが最も大切。過去問題などを使って練習しよう。

過去問題 A

（一）聞き取りの問題

（二）聞き取りの問題

1　ア　Three times.　　　イ　For a week.
　　ウ　Next month.　　　エ　Last week.

2　ア　I'm looking for it.　　イ　I'll help you.
　　ウ　I've just found it.　　エ　I like you.

1　ア　On July 4.　　　　　　　イ　On July 5.

　　ウ　On August 4.　　　　　　エ　On August 5.

2　ア　They want to go back to America.

　　イ　They want to know about Japanese events.

　　ウ　They want to have a chance to learn Japanese.

　　エ　They want to teach English words to the students.

3　ア　Mr. Yamada will.　　　　　イ　The students will.

　　ウ　Tom and John will.　　　　エ　Mr. Yamada and the students will.

4　ア　He tells them to speak about their school or city.

　　イ　He tells them to make six groups in their class.

　　ウ　He tells them to talk with Tom and John.

　　エ　He tells them to give him their ideas.

（一）	1		2		3	
（二）	1			2		
（三）	1		2		3		4	

過去問題 A 　放送文

（一）　次の１～３の英語による対話とそれについての質問が２回ずつ読まれる。その英文を聞いて，質問に対する答えとして最も適当なものを，問題用紙のア～エの中からそれぞれ一つ選び，その記号を解答欄に記入する。

1
A: Hello, Ken.
B: Hi, Mom.　Can I eat this pizza?
A: Sure.
　　Question: What does Ken want?

2
A: What time is it?
B: It's 2:30.
A: We have one hour before the movie.
B: Let's have tea, then.
　　Question: What time will the movie start?

3
A: How was your trip to Australia, Akira?
B: It was great.　I went to the zoo and saw many animals.
A: Did you swim in the sea?
B: No, I didn't.　It was a little cold, so I walked to the sea with my father.　He took many
　　pictures of the beautiful sea.
　　Question: What did Akira do in Australia?

（二）　次の１，２の英語による対話が２回ずつ読まれる。その英文を聞いて，**チャイム**の部分に入る受け答えとして最も適当なものを，問題用紙のア～エの中からそれぞれ一つ選び，その記号を解答欄に記入する。

1
A: I'll go to Osaka to see my grandmother.
B: That's good.　When will you go there?
A: （**チャイム**）

2
A: What are you doing?
B: I'm trying to carry this table, but I can't.
A: （**チャイム**）

（三）　次の英文（山田先生が英語の授業で生徒に伝えた内容）が通して２回読まれる。その英文を聞いて，内容についての１～４の英語の質問に対する答えとして最も適当なものを，問題用紙のア～エの中からそれぞれ一つ選び，その記号を解答欄に記入する。

　　Listen, everyone.　I have big news today.　Two boys from America will visit this school.　They'll come to our city on July 4.　The next day, they'll come to our school.　Their names are Tom and John.　They're as old as you.　They'll study with you for two weeks and go back to America in August.　I hope you'll enjoy talking to them in English.　And I hope they'll learn a lot about Japan.　They say they want to learn Japanese from you during their stay.　Please teach them some useful Japanese words.

　　In the first class with them, you'll have three events.　First, you'll have a question time.　You'll ask them some questions in English.　I want you to make some questions before the class.　Second, you'll tell them some things about our school or city in English.　You already have six groups in this class.　You need to decide what you want to say in each group.　You'll do that tomorrow.　About the third event, I haven't decided anything yet.　What do you want to do with them?　Please tell me your ideas next week.

〔質問〕

1　When will Tom and John come to the school?

2　What do Tom and John want to do?

3　Who will make some English questions for the first event?

4　What does Mr. Yamada tell the students to do for the third event?

過去問題 B

（一）聞き取りの問題

（二）聞き取りの問題

1 　ア　You're welcome.　　　　　イ　You don't like music.
　　ウ　Nice to meet you.　　　　 エ　It means music.

2 　ア　I'm looking for it.　　　　 イ　You should go straight.
　　ウ　I did it in Kyoto.　　　　　エ　That will be exciting.

（三）聞き取りの問題

1　ア　He will take a train.　　　　イ　He will play soccer.
　　ウ　He will work.　　　　　　　エ　He will study.

2　ア　At 1:15.　イ　At 1:30.　ウ　At 2:15.　エ　At 2:30.

3　ア　Jim and Kate will.　　　　　イ　Jim and Peter will.
　　ウ　Peter's mother and Kate will.　エ　Peter's mother and Jim will.

4　ア　Peter wants Naoki to worry about getting home.
　　イ　Peter wants Naoki to bring twenty five dollars.
　　ウ　Peter wants Naoki to visit Peter's house.
　　エ　Peter wants Naoki to call Peter soon.

（一）	1		2		3	
（二）	1			2		
（三）	1		2		3		4	

（一）　次の1〜3の英語による対話とそれについての質問が2回ずつ読まれる。その英文を聞いて，質問に対する答えとして最も適当なものを，問題用紙のア〜エの中からそれぞれ一つ選び，その記号を解答欄に記入する。

1
A: I bought a new racket.
B: Oh, it's nice.　I have my racket and a ball.
A: Then, let's play.

　　Question: Which sport are they going to play?

2
A: What did you do last Sunday, Mary?
B: I practiced the piano in the morning and watched TV in the afternoon.　What did you do, Tom?
A: I did my homework in the morning and walked with my dog in the afternoon.

　　Question: What did Mary do last Sunday?

3
A: This is a picture of my friends and me at my birthday party.
B: You have beautiful flowers, Tomoko.　Oh, I know the tallest girl.　She's Yuka, right?
A: Yes.　And the girl who is as tall as me is Akiko.
B: Then, who is the girl with a guitar?
A: She's Kumi.

　　Question: Which girl is Akiko?

（二）　次の1，2の英語による対話が2回ずつ読まれる。その英文を聞いて，チャイムの部分に入る受け答えとして最も適当なものを，問題用紙のア〜エの中からそれぞれ一つ選び，その記号を解答欄に記入する。

1
A: Here's a CD you may like.
B: Thank you.　This is my favorite kind of music.
A: （チャイム）

2
A: What are you going to do next spring vacation?
B: I'm going to go to Kyoto with my family.
A: （チャイム）

（三）　次の英文が通して2回読まれる。その英文を聞いて，内容についての1〜4の英語の質問に対する答えとして最も適当なものを，問題用紙のア〜エの中からそれぞれ一つ選び，その記号を解答欄に記入する。

　　Hello, Naoki.　This is Peter.　We are going to watch the soccer game tomorrow, right?　I have two things to tell you about that.

　　First, we have to take the train to the soccer stadium.　My father said he would take us there by car.　But he has to work tomorrow, so he can't.　Taking a train is the best way to go there.　The game starts at two thirty.　So we need to take the train at one thirty.　Shall we meet at South Station at one fifteen?　You need twenty five dollars for the game and trains.　Don't forget to bring it.

　　Second, you can have dinner at my house after the game.　My mother will make pizza, salad and cake for you.　My brother, Jim, will help her.　My sister, Kate, really wants to talk with you.　You don't have to worry about getting home.　My mother will take you home by car.　Can you come to my house?　I hope you can.　Please talk with your family about that and call me soon.　Goodbye.

〔質問〕

1　What will Peter's father do tomorrow?

2　What time will Peter meet Naoki at South Station?

3　Who will make dinner for Naoki?

4　What does Peter want Naoki to do after the game?

実践問題A

放送を聞いて，問いに答えなさい。

問1　次のNo. 1〜No. 3について，それぞれ対話を聞き，その内容についての質問の答えとして最も適当なものを，それぞれア〜エから選びなさい。

No. 1

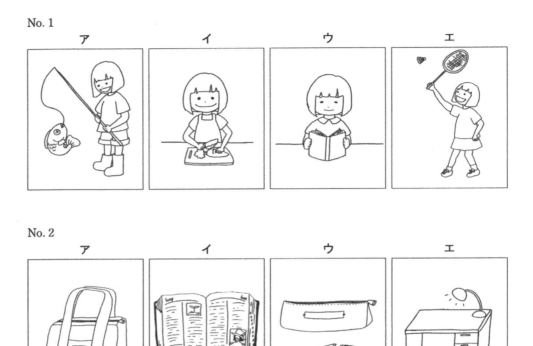

No. 2

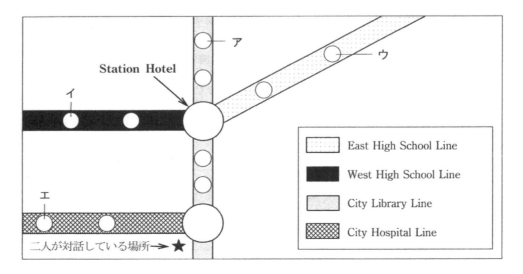

No. 3

問2 次の No. 1～No. 3について，加奈（Kana）とジョン（John）の対話を聞き，チャイムの鳴るところで，加奈が話す言葉として最も適当なものを，それぞれア～エから選びなさい。

No. 1 ［登校中の対話］

ア　I'm popular in Tokyo.　　　イ　I opened the shop.

ウ　I don't know the shop.　　　エ　I'd like to.

No. 2 ［昼休みの対話］

ア　You should ask our teacher about it.

イ　You should become a doctor then.

ウ　You should give your medicine to me.

エ　You should go to school to get your textbook.

No. 3 ［放課後の対話］

ア　Yes, I've studied Japanese for five years.

イ　No, I've never cooked Japanese food.

ウ　Yes, I've been there once.

エ　No, I haven't had a history test about it.

問3 友子（Tomoko）が，観光ボランティアをしていることについて書いた英文を聞き，その内容についての No. 1～No. 3の質問の答えとして最も適当なものを，それぞれア～エから選びなさい。

No. 1 友子が，外国人を手助けしたいと思ったきっかけは何でしたか。

ア　Because Tomoko was glad to learn more about a famous place in America.

イ　Because Tomoko's family went to Japan for sightseeing last year.

ウ　Because a volunteer guide in New York knew a lot about Japan.

エ　Because Tomoko's family wanted to help a volunteer guide in America.

No. 2 神社を訪れた外国人観光客は，神社で友子に何を頼みましたか。

ア　They asked her to be a volunteer guide in her town.

イ　They asked her to learn more about the history of the shrine.

ウ　They asked her to visit a famous shrine for sightseeing.

エ　They asked her to show them the best place to take pictures.

No. 3 友子は，神社での出来事の後，どんなことに取り組んでいますか。

ア　She is trying to think about sightseeing for people in New York.

イ　She is trying to answer the questions from a volunteer guide.

ウ　She is trying to understand what people from abroad need.

エ　She is trying to enjoy sightseeing with her family next year.

問1	No.1		No.2		No.3	
問2	No.1		No.2		No.3	
問3	No.1		No.2		No.3	

それでは，問１です。
３題とも最初に短い対話を読みます。次に，それぞれの対話の後で，その内容について，クエスチョンと言った後に英語で質問します。その質問の答えとして最も適当なものを，問題用紙のア，イ，ウ，エから選びなさい。
では，始めます。

No. 1
A : Satoshi, how was your weekend?
B : It was great! I went fishing with my father. What did you do last weekend, Katie?
A : I played badminton with my sister.
Question : What did Katie do last weekend?
（対話と質問を繰り返す）

No. 2
A : What are you doing, Dave?
B : I can't find my dictionary. I usually put it in my school bag, but it isn't there. Did you see it, Mom?
A : No. Why don't you look around your desk?
B : OK, I will.
Question : What is Dave looking for?
（対話と質問を繰り返す）

No. 3
A : Excuse me. Could you tell me how to get to the art museum?
B : Sure. First, take the City Library Line to the Station Hotel.
A : So, you mean I should get off at the Station Hotel, right?
B : Yes. And change to the East High School Line and get off at the second bus stop from the Station Hotel. The art museum is in front of the bus stop. This is the easiest way to get there.
Question : Where should the woman get off to visit the art museum?
（対話と質問を繰り返す）

続いて，問２です。
３題とも，問題用紙に示された場面における，加奈とジョンの対話です。最初に，加奈が，続いてジョンが話します。その次に，加奈が話すところで，次のチャイムが鳴ります。（チャイム音）このチャイムの鳴るところで，加奈が話す言葉として最も適当なものを，問題用紙のア，イ，ウ，エから選びなさい。
では，始めます。

No. 1　　　［登校中の対話］
Kana : John, do you know a new hamburger shop opened near the station?
John : Yes. I heard it's very popular in Tokyo. How about going to the shop with me tomorrow, Kana?
Kana : （チャイム音）

（対話を繰り返す）

No. 2　　　［昼休みの対話］
Kana　：　Hi, John. You don't look well. What's the matter?
John　：　I feel very sick and I want to go home, but there are two more lessons after lunch time. What should I do?
Kana　：　（チャイム音）
（対話を繰り返す）

No. 3　　　［放課後の対話］
Kana　：　Which city do you want to visit in Japan?
John　：　I want to visit Nara during my stay in Japan because I'm very interested in Japanese history. Have you ever been there, Kana?
Kana　：　（チャイム音）
（対話を繰り返す）

続いて，問3です。次に読まれる英文は，友子が，観光ボランティアをしていることについて書いたものです。その内容について，問題用紙にある，No.1 から No.3 の質問の答えとして最も適当なものを，問題用紙のア，イ，ウ，エから選びなさい。このあと15秒取りますので，No.1 から No.3 の質問に目を通しなさい。

それでは，英文を2回読みますが，英文を読んだ後には，それぞれ解答時間を20秒取ります。では，始めます。

　　Last year, I went to America with my family for sightseeing. When we visited New York, we met a volunteer guide at a famous place. She told us about the place in Japanese, so I was glad to learn more about it. Then, I also wanted to help people from abroad as a guide in my town.

　　Now, I'm in a volunteer group to help people from abroad to do sightseeing in my town. One day, I went to one of the old shrines and told people about its history in English. I was glad because they said "Thank you," but when some of them asked me to show them the best place for taking pictures of the shrine, I couldn't answer quickly. I thought it's important to understand what people from abroad really want to know.

　　Since then, I'm trying to understand what they need. I believe they can enjoy sightseeing in my town much more if I become a better volunteer guide.

（英文を繰り返す）

これで，英語の聞き取りテストを終わります。

実践問題 B

放送を聞いて，聞き取りテスト1，2，3の問題に答えなさい。答えは，全て解答用紙の指定された解答欄の符号を◯で囲みなさい。

聞き取りテスト1　会話を聞いて，その会話に続く応答や質問として適切なものを選びなさい。会話のあとに放送される選択肢a〜cから応答や質問として適切なものを，それぞれ1つ選びなさい。（会話と選択肢は<u>1回だけ</u>読みます。）

No. 1　（場面）バス停で会話している

No. 2　（場面）父親と子どもが会話している

No. 3　（場面）友人同士が会話している

聞き取りテスト2　会話を聞いて，その内容について質問に答えなさい。それぞれ会話のあとに質問が続きます。その質問に対する答えとして適切なものを，a〜dからそれぞれ1つ選びなさい。（会話と質問は2回読みます。）

No. 1

No. 2
- a　The convenience store.
- b　The friend's house.
- c　The post office.
- d　The station.

No. 3
- a　By meeting the volunteers.
- b　By calling the center.
- c　By sending an email.
- d　By having an interview.

聞き取りテスト3　英語による説明を聞いて，その内容についての2つの質問 Question 1, Question 2 に答えなさい。英文と選択肢が放送されます。英文のあとに放送される選択肢 a〜d から質問に対する答えとして適切なものを，それぞれ1つ選びなさい。
（英文と選択肢は2回読みます。）

（場面）教室で先生が明日の校外学習の連絡をしている

Question 1　What can the students do at the factory?

Question 2　What does the teacher want to tell the students most?

1 [　　点]	No. 1	a	b	c	
	No. 2	a	b	c	
	No. 3	a	b	c	
2 [　　点]	No. 1	a	b	c	d
	No. 2	a	b	c	d
	No. 3	a	b	c	d
3 [　　点]	1	a	b	c	d
	2	a	b	c	d

実践問題 B ｜放送文｜

　聞き取りテスト1は，会話を聞いて，その会話に続く応答や質問として適切なものを選ぶ問題です。

　それぞれの会話の場面が問題用紙に書かれています。会話のあとに放送される選択肢 a〜c の中から応答や質問として適切なものを，それぞれ1つ選びなさい。会話と選択肢は1回だけ読みます。では，始めます。

No. 1
〔A：女性，B：男性〕
A: Excuse me.　Which bus goes to the stadium?
B: Take Bus No. 20.　The bus stop is over there.
A: How long does it take to go to the stadium?

(a)　It's 10 kilometers.
(b)　You can take Bus No. 20.
(c)　It takes 30 minutes.

No. 2
〔A：男性，B：女性〕
A: We got a letter from your grandmother.　She wants to see you.
B: Oh, I really miss her, too.
A: How about visiting her next week?

(a)　Take care.
(b)　Don't worry.
(c)　That's a good idea.

No. 3
〔A：女性，B：男性〕
A: Let's do our homework together.
B: Yes, let's!　But wait, I forgot to bring my pencil case with me!
A: No problem.　I have some pencils.

(a)　Shall I lend you one?
(b)　Can I borrow one?
(c)　May I help you?

（聞き取りテスト￼2）
　聞き取りテスト2は，会話を聞いて，その内容について質問に答える問題です。

　それぞれ会話のあとに質問が続きます。その質問に対する答えとして適切なものを，問題用紙の a〜d の中からそれぞれ1つ選びなさい。会話と質問は2回読みます。では，始めます。

No. 1
〔A：男性，B：女性〕
A: Hey, look at this picture.
B: Oh, you're playing soccer!
A: It was snowing, but we enjoyed it a lot.
B: Your dog is trying to play with you, too.
A: Yes, he likes running with us.
B: That's wonderful.

(Question)　Which picture are they looking at?

もう一度繰り返します。

No. 2
〔A：女性，B：男性〕
A: Hi, James.　What are you doing here?
B: I'm looking for the post office.　I want to send this gift to my friend's house.
A: It's far from here, but you can send your gift from the convenience store.
B: Oh, I didn't know that.
A: It's in front of the station.
B: Thank you.　I'll go there right now.

(Question)　Where will James go to send the gift?

もう一度繰り返します。

No. 3
〔A：女性，B：男性〕
A: Yesterday, I collected garbage at the beach as a volunteer.　I had a good time.
B: Oh, really?　I want to help, too.　How did you learn about it, Mary?
A: I saw some volunteers when I went to the beach last month.
B: Did you call the volunteer center or have an interview to join it?
A: No, but I had to send an email to the center.
B: I see.　I'll go home and try it.

(Question)　How did Mary join the volunteer work?

もう一度繰り返します。

（聞き取りテスト３）
　聞き取りテスト３は，英語による説明を聞いて，その内容についての２つの質問に答える問題です。
　問題用紙に書かれている，場面，Question１と　２を確認してください。これから英文と選択肢が放送されます。英文のあとに放送される選択肢 a〜d の中から質問に対する答えとして適切なものを，それぞれ１つ選びなさい。英文と選択肢は２回読みます。では，始めます。

　　Tomorrow, we'll visit the factory.　We'll meet in Midori Park at nine o'clock.　It's five minutes from the station.　We can't stay in the park too long, so we'll leave the park at 9:10.　Then, a guide will show you around the factory.　Bring your notebook to take notes.　You cannot touch the machines or the products, but taking pictures for homework is allowed.　We'll have lunch at a restaurant near the factory.　Remember, come at nine.　Don't miss your train.

(Question 1　Answer)
　　　　　(a) Take pictures.
　　　　　(b) Touch machines.
　　　　　(c) Make products.
　　　　　(d) Have lunch.

(Question 2　Answer)
　　　　　(a) They should meet at the station.
　　　　　(b) They should bring a notebook.
　　　　　(c) They should ask questions.
　　　　　(d) They should be on time.

もう一度繰り返します。

実践問題C

放送を聞いて答える問題

A 1番，2番の対話を聞いて，それぞれの質問の答えとして最も適当なものを，**ア〜エ**から 1つずつ選び，記号を書きなさい。

1番

ア

7						
SUN	MON	TUE	WED	THU	FRI	SAT
		1	2	3	4	5
6	7	8	9	10	11	⑫
13	14	15	16	17	18	19
20	21	22	23	24	25	26
27	28	29	30	31		

イ

7						
SUN	MON	TUE	WED	THU	FRI	SAT
		1	2	3	4	5
6	7	8	9	10	11	12
13	14	15	16	17	18	19
⑳	21	22	23	24	25	26
27	28	29	30	31		

ウ

8						
SUN	MON	TUE	WED	THU	FRI	SAT
					1	2
3	4	5	6	7	8	9
10	11	⑫	13	14	15	16
17	18	19	20	21	22	23
24	25	26	27	28	29	30
31						

エ

8						
SUN	MON	TUE	WED	THU	FRI	SAT
					1	2
3	4	5	6	7	8	9
10	11	12	13	14	15	16
17	18	19	⑳	21	22	23
24	25	26	27	28	29	30
31						

2番

ア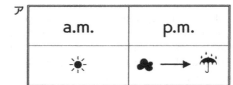

イ

ウ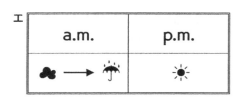

エ

B あなたは今，ある場所にいます。そこで流れてきた案内を聞いて，それに続く1番～3番の質問の答えとして最も適当なものを，ア～エから1つずつ選び，記号を書きなさい。

1番 ア A station.
　　 イ A zoo.
　　 ウ An art museum.
　　 エ A supermarket.

2番 ア First floor.
　　 イ Room A.
　　 ウ Room B.
　　 エ Room C.

3番 ア 9:00.
　　 イ 10:00.
　　 ウ 11:00.
　　 エ 12:00.

C 太郎と花子の対話を聞いて，それに続く1番～3番の質問の答えとして最も適当なものを，ア～エから1つずつ選び，記号を書きなさい。

1番 ア Homework.
　　 イ Peace.
　　 ウ A friend.
　　 エ A dream.

2番 ア People on money are chosen because they studied money in foreign countries.
　　 イ People on money are chosen because we know their faces and names.
　　 ウ People on money are chosen because it is very difficult to get their pictures.
　　 エ People on money are chosen because they got international prizes.

3番 ア The Japanese doctor was born in Tokyo in 1964.
　　 イ The Japanese doctor started the first Paralympics in Italy.
　　 ウ The Japanese doctor showed sports were necessary to all the people.
　　 エ The Japanese doctor taught us how to travel abroad.

A	1番		2番			
B	1番		2番		3番	
C	1番		2番		3番	

実践問題C　放送文

それでは，Aの問題から始めます。
　1番，2番の対話を聞いて，それぞれの質問の答えとして最も適当なものを，ア〜エから1つずつ選び，記号を書きなさい。なお，対話と質問は通して2回繰り返します。それでは，始めます。

1番　Hanako : Good morning, Taro. Can I go to watch your basketball game on July 20th?
　　　Taro : Good morning, Hanako. The date was changed.
　　　Hanako : Really? When will the game be held?
　　　Taro : On August 12th.

　　　Question : What is the date of Taro's basketball game?
　　もう1度繰り返します。　　　　　　（対話と質問の繰り返し）

2番　A : How will the weather be tomorrow?
　　　B : It'll be cloudy and start to rain in the morning.
　　　A : That's too bad. I am going to go fishing after lunch.
　　　B : Don't worry. It'll stop raining by noon and be sunny in the afternoon.

　　　Question : How will the weather be tomorrow?
　　もう1度繰り返します。　　　　　　（対話と質問の繰り返し）

　次はBの問題です。あなたは今，ある場所にいます。そこで流れてきた案内を聞いて，それに続く1番〜3番の質問の答えとして最も適当なものを，ア〜エから1つずつ選び，記号を書きなさい。なお，英文と質問は通して2回繰り返します。それでは，始めます。

Hello, everyone. Thank you for coming today. On the first floor, we have a shop and you can find many things made by Japanese artists. You can buy them for yourself and your family there. On the second floor, there are three rooms. In Room A, we have French pictures from the 16th century. In Room B, you can enjoy a special tour of Japanese traditional pictures. It starts at 10 o'clock. In Room C, you can make small dolls. Please come to the room at 11 o'clock. We'll teach you how to make the dolls. Thank you!

　　それでは，質問を1回ずつ読みます。
1番　Where are you now?

2番　If you want to buy something for your family, where will you go?

3番　What time will the special tour begin?
　　もう1度繰り返します。　　　　　　（英文と質問の繰り返し）

　次はCの問題です。太郎と花子の対話を聞いて，それに続く1番〜3番の質問の答えとして最も適当なものを，ア〜エから1つずつ選び，記号を書きなさい。なお，対話と質問は通して2回繰り返します。それでは，始めます。

Hanako : Hi, Taro. Our teacher told us to study something we are interested in at home. It is for the next class. What did you study?
　Taro : I studied money because the new designs for money will be used in 2024. I hear the people on money are chosen because we can easily remember their names when we see their pictures.
Hanako : Oh, that's interesting.
　Taro : What did you study, Hanako?
Hanako : I studied the Paralympics because it will be held in Japan this year. In 1960, the first Paralympics was started in Italy. In 1964, the next Paralympics was held in Japan for the first time. At that time, one Japanese doctor worked for the Japanese team. He was born in Oita. We can learn from his life that sports are important and everyone needs them.
　Taro : Oh, I didn't know that.

それでは，質問を1回ずつ読みます。
1番　What are Taro and Hanako talking about?

2番　Which is true about Taro's talk?

3番　Which is true about Hanako's talk?
　　もう1度繰り返します。　　　　　　（対話と質問の繰り返し）

　　　　　以上で，リスニングテストを終わります。

解答例

(一) 1. エ　　2. ウ　　3. ア
(二) 1. ウ　　2. イ
(三) 1. イ　　2. ウ　　3. イ　　4. エ

解 説

(一)

1　質問「ケンは何がほしいですか?」…Bの2回目の発言「このピザを食べてもいい?」より,エが適当。

2　質問「映画は何時に始まりますか?」…A「今何時?」→B「2時30分だよ」→A「映画まで1時間あるね」→B「じゃあお茶を飲もうよ」より,映画は3時30分に始まる。ウが適当。

3　質問「アキラはオーストラリアで何をしましたか?」…A「オーストラリア旅行はどうだった,アキラ?」→B「すごく良かったです。動物園に行ってたくさんの動物を見ました」→A「海で泳いだ?」→B「いいえ,泳ぎませんでした。少し寒かったので,父と海まで歩きました。父はきれいな海の写真をたくさん撮りました」より,アが適当。

(二)

1　A「祖母に会いに大阪へ行く予定よ」→B「いいね。そこにはいつ行くの?」に続くのは,ウ「来月よ」が適当。

2　A「何をしているの?」→B「このテーブルを運ぼうとしているんだけど,運べないよ」に続くのは,イ「私が手伝うよ」が適当。

(三)【日本語訳】参照。

1　質問「トムとジョンはいつこの学校にやって来ますか?」…イ「7月5日に」が適当。

2　質問「トムとジョンは何をしたいですか?」…ウ「彼らは日本語を学ぶ機会を持ちたい」が適当。

3　質問「1つ目のイベントのために,誰がいくつかの英語の質問を用意しますか?」…イ「生徒たち」が適当。　・want＋人＋to～「(人)に～してほしい」

4　質問「山田先生は生徒たちに,3つ目のイベントのために何をするよう言っていますか?」…エ「彼は生徒たちに,彼にアイデアをくれるよう言っている」が適当。　・give＋人＋もの「(人)に(もの)を与える」

【日本語訳】

みなさん聞いてください。大ニュースがあります。アメリカから2人の男子が当校を訪れます。1ィ彼らはこの市に7月4日に来る予定です。当校にはその翌日に来ます。彼らの名前はトムとジョンです。君たちと同い年です。君たちと2週間勉強し8月にアメリカに帰国します。彼らと英語で話して楽しんでください。彼らが日本について多くのことを学べるといいと思います。2ゥ彼らは滞在中に君たちから日本語を習いたいと言っています。便利な日本語を教えてあげてください。

彼らとの最初の授業では3つのイベントをします。1つ目に,質問タイムを設けます。彼らに英語で質問しましょう。3ィ君たちには,その授業の前にいくつかの質問を用意してほしいです。2つ目に,当校あるいはこの市について彼らに話します。クラス内ですでに6つのグループを作ってありますね。グループごとに何を言うか決める必要があります。明日,それをやりましょう。3つ目のイベントについては,まだ何も決めていません。4ェ君たちは彼らと何をしたいですか?来週,君たちのアイデアを教えてください。

過去問題 B

（一）　1．イ　　2．ア　　3．ウ

（二）　1．ア　　2．エ

（三）　1．ウ　　2．ア　　3．エ　　4．ウ

解　説

（一）

1　質問「彼らはどのスポーツをしますか？」…A「私は新しいラケットを買ったよ」→B「おお，それはすばらしいね。私はラケットとボールを持っているよ」から，イのテニスが適当。

2　質問「この前の日曜日にメアリーは何をしましたか？」…A「メアリー，この前の日曜日に何をしたの？」→B「私は午前中ピアノを練習して，午後にテレビを見たわ」から，アが適当。

3　質問「アキコはどの女の子ですか？」…A「これは私の誕生日会での私の友達と私の写真よ」→B「君は美しい花を持っているね，トモコ。ああ，僕は背が一番高い女の子を知っているよ。彼女はユカだよね？」→A「そうよ。そして私と同じくらい背が高い女の子がアキコよ」から，ウが適当。

（二）

1　A「あなたが好きそうなＣＤをどうぞ」→B「ありがとう。これは私の好きな種類の音楽だね」に続くのは，ア「どういたしまして」が適当。

2　A「次の春休みに何をする？」→B「家族と京都へ行く予定だよ」に続くのは，エ「それはわくわくするね」が適当。

（三）【日本語訳】参照。

1　質問「ピーターの父は明日何をするつもりですか？」

2　質問「ピーターは南駅で何時にナオキと会うつもりですか？」

3　質問「誰がナオキのために夕食を作りますか？」

4　質問「ピーターは試合のあとナオキに何をしてほしいですか？」

【日本語訳】

もしもし，ナオキ。ピーターです。僕たちは明日サッカーの試合を見に行くよね？それについて２つ伝えることがあるんだ。

１つ目は，僕たちはサッカー場まで電車に乗らなければいけないことだよ。僕のお父さんが車で送ると言っていたよね。₁ᵤでも彼は明日仕事をしなければいけなくなってしまったので，送ることができないんだ。電車で行くのが最もいい方法だよ。試合が始まるのは２時30分だから，１時30分には電車に乗る必要があるよ。₂ₐ1時15分に南駅で待ち合わせしない？観戦代と電車代で25ドル必要だよ。忘れずに持ってきてね。

２つ目は，試合のあと僕の家で夕飯を食べられることだよ。₃ₑお母さんが君のためにピザとサラダとケーキを作ってくれるよ。弟のジムも手伝うって。妹のケイトは，すごく君と話したがっているよ。家に帰る方法は心配しなくていいよ。お母さんが車で送ってくれるから。₄ᵤ僕の家に来れる？来てくれるといいな。このことを君の家族に話して，すぐに電話してね。じゃあね。

それ以来，No.3ウ彼らが何を必要としているのかを理解しようとしています。私がより良いボランティアガイドになれば，彼らは私の町の観光をもっと楽しむことができると信じています。

実践問題A

問1．No.1．エ　No.2．イ　No.3．ウ

問2．No.1．エ　No.2．ア　No.3．ウ

問3．No.1．ア　No.2．エ　No.3．ウ

解説

問1

No.1　質問「先週末ケイティは何をしましたか？」…A（ケイティ）の2回目の発言「私は妹とバドミントンをしたわ」より，エが適当。

No.2　質問「デイブは何を探していますか？」…B（デイブ）の1回目の発言「辞書が見つからないんだ」より，イが適当。

No.3　質問「女性は美術館を訪れるためにどこで降りるべきですか？」…B（男性）の1回目の発言「最初に，City Library Line で Station Hotel（のバス停）まで行ってください」，B（男性）の2回目の発言「East High School Line に乗り換えて，Station Hotel から2つ目のバス停で降りてください」より，ウが適当。

問2

No.1　ジョンが「明日僕と一緒にその店に行かない？」と誘ったので，エ「行きたいわ」が適当。

No.2　体調が悪いジョンが「僕はどうするべきかな？」と相談したので，ア「そのことを先生に尋ねるべきよ」が適当。

No.3　ジョンが「そこに行ったことがある，加奈？」と尋ねたので，ウ「ええ，一度行ったことがあるわ」が適当。

問3　【日本語訳】参照。

【日本語訳】

昨年，家族と一緒にアメリカ観光に行きました。ニューヨークを訪れたとき，有名な場所でボランティアガイドに会いました。No.1ア彼女は日本語でその場所について教えてくれたので，私はそれについてもっと知ることができて嬉しかったです。そのとき，私も自分の町でガイドとして海外の人々を手助けしたいと思いました。

今，私は海外の人々が私の町を観光するのを手助けするボランティアグループにいます。ある日，私は歴史のある神社に行き，その歴史を英語で人々に話しました。「ありがとう」と言ってもらえて嬉しかったのですが，No.2エ神社の写真を撮るのに最適な場所を教えてほしいと言われたときにすぐに答えられず，海外の人々が本当に知りたいことを理解することが大事だと思いました。

1. No. 1. c No. 2. c No. 3. b
2. No. 1. b No. 2. a No. 3. c
3. 1. a 2. d

1 No. 1 「スタジアムに行くのにどれくらい時間がかかりますか？」への返答だから，c「30分かかります」が適切。

No. 2 「来週彼女のところを訪れてはどうだい？」への返答だから，c「それはいいアイデアね」が適切。

No. 3 A「一緒に宿題をしましょう」→B「うん，そうしよう！でも，待って。ペンケースを持ってくるのを忘れたよ！」→A「大丈夫よ。鉛筆を何本か持っているわ」への返答だから，b「1本借りてもいい？」が適切。

2 No. 1 質問「彼らはどの写真を見ていますか？」…Aの2回目の発言 It was snowing, but we enjoyed it a lot.「雪が降っていたけどとても楽しかったよ」と，Bの2回目の発言 Your dog is trying to play with you, too.「あなたの犬も一緒にプレーしようとしているわね」より，b が適切。

No. 2 質問「ジェームズは贈り物を送るためにどこに行くでしょうか？」…A「あら，ジェームズ。ここで何してるの？」→B「郵便局を探してるよ。友達の家にこの贈り物を送りたいんだ」→A「郵便局はここから遠いけど，コンビニエンスストアから贈り物を送ることができるわ」→B「へえ，知らなかったよ」→A「駅前にあるわ」→B「ありがとう。すぐに行ってみるよ」の流れより，a「コンビニエンスストア」が適切。

No. 3 質問「メアリーはどうやってボランティア活動に参加しましたか？」…A「昨日，ボランティアとしてビーチのゴミ拾いをしたの。有意義な時間だったわ」→B「そうなの？僕もやりたいな。それについてどうやって知ったの，メアリー？」→A「先月ビーチに行ったときに数人のボランティアを見かけたの」→B「参加するためにボランティアセンターに電話したり，面接を受けたりしたの？」→A「いいえ，でもセンター宛てにメールを送る必要が

あったわ」→B「なるほど。家に帰ってやってみるよ」の流れより，c「メールを送ることによって」が適切。

3 【日本語訳】参照。

1 質問「生徒たちは工場で何をすることができますか？」…a「写真を撮る」が適切。

2 質問「先生が生徒たちに何を最も伝えたいですか？」…d「時間を厳守する」が適切。

【日本語訳】

明日，私たちは工場を訪問します。9時にミドリ公園集合です。そこは駅から5分の場所にあります。公園には長時間滞在できないので，9時10分には出発します。その後，ガイドの方が工場を案内してくれます。メモを取るためのノートを持参しましょう。機械や製品に触ってはいけませんが，宿題のための₁a<u>写真撮影</u>は許可されています。工場の近くのレストランで昼食をとります。₂d<u>9時に来ることを忘れないでください</u>。電車に乗り遅れないようにしましょう。

解答例

A. 1番…ウ　2番…エ

B. 1番…ウ　2番…ア　3番…イ

C. 1番…ア　2番…イ　3番…ウ

解説

A 1番　質問「太郎のバスケットボールの試合は何日ですか？」…花子「おはよう，太郎。7月20日にバスケットボールの試合を見に行ってもいい？」→太郎「おはよう，花子。日程が変更されたよ」→花子「本当に？試合はいつになったの？」→太郎「<u>8月12日だよ</u>」より，ウが適当。

　2番　質問「明日の天気はどうですか？」…A「明日の天気はどう？」→B「午前中は曇りで，<u>雨が降り始めるよ</u>」→A「残念だよ。昼食後に釣りに行く予定だったのに」→B「心配いらないよ。<u>正午までに雨が止んで，午後は晴れるよ</u>」より，エが適当。

B　【日本語訳】参照。

　1番　質問「あなたは今どこにいますか？」…ウ「美術館」が適当。

　2番　質問「家族のために何かを買いたい場合，どこに行きますか？」…ア「1階」が適当。

　3番　質問「特別ツアーは何時に始まりますか？」…イ「10時」が適当。

【日本語訳】

　こんにちは，みなさん。本日はご来場ありがとうございます。_{2番ア}<u>1階には店舗があり，日本人アーティストの作品がたくさんあります。ご自身のものやご家族のものをお買い求めいただけます。</u>2階には3つの部屋があります。

_{1番ウ}<u>Aの部屋には16世紀のフランスの絵画があります。</u>Bの部屋では日本の伝統的な絵画の特別ツアーを楽しむことができます。_{3番イ}<u>10時に始まります。</u>Cの部屋では小さな人形を作ることができます。11時に部屋に来てください。人形の作り方をお教えします。ありがとうございました！

C　【日本語訳】参照。

　1番　質問「太郎と花子は何について話していますか？」…ア「宿題」が適当。

　2番　質問「太郎の話について正しいのはどれですか？」…イ「私たちがお金になる人の顔と名前を知っているので，彼らは選ばれます」が適当。

　3番　質問「花子の話について正しいのはどれですか？」…ウ「日本人の医者はスポーツはすべての人に必要だと示しました」が適当。

【日本語訳】

花子：こんにちは，太郎。_{1番ア}<u>先生は私たちが家で興味のあることを勉強するように言ったわ。それは次の授業のためのものよ。</u>あなたは何を勉強した？

太郎：2024年に新しいデザインのお金が使われるのでお金について勉強したよ。_{2番イ}<u>お金になる人は写真を見ると簡単に名前を思い出すことができるから選ばれているそうだよ。</u>

花子：それは興味深いわね。

太郎：君は何を勉強したの，花子？

花子：今年日本で開催されるからパラリンピックのことを勉強したわ。1960年，最初のパラリンピックはイタリアで開催されたの。1964年，次のパラリンピックは日本で初めて開催されたわ。当時，_{3番ウ}<u>ある日本の医者が日本チームのために尽力したの。彼は大分で生まれたの。彼の人生から，スポーツは重要であり，誰もがスポーツを必要としていることを学ぶことができるわ。</u>

太郎：ああ，僕はそのことを知らなかったよ。

高校入試対策

英語リスニング 練習問題

解 答 集

contents

入試本番に向けて ……………………………… 1

この解答集の特長と使い方 …………………… 2

第1章　絵・グラフ ……………………………… 3 〜 10

第2章　次の一言 ………………………………… 11 〜 14

第3章　対話や英文と質問（1つ）…………… 15 〜 20

第4章　語句を入れる …………………………… 21 〜 24

第5章　対話と質問（複数）…………………… 25 〜 28

第6章　英文と質問（複数）…………………… 29 〜 32

第7章　作文 ……………………………………… 33 〜 36

覚えたい表現　まとめ ………………………… 37 〜 38

聞き違いをしやすい表現 ……………………… 39

※問題は別冊です

入試本番に向けて

入試本番までにしておくこと

入試本番までに志望校の過去問を使って出題パターンを把握しておこう。英語リスニング問題は学校ごとに出題傾向があります。受験する学校の出題パターンに慣れておくことが重要です。

リスニング開始直前のチェックポイント

音声が流れるまでに問題文全体にざっと目を通そう。それぞれの問題で話題となる場面や登場人物をチェックしておこう。

☑ イラストを check！

英語リスニング問題ではイラストやグラフが使われることが多くあります。イラストなら**共通点と相違点を見つけて**，放送される事がらを予想しておこう。グラフなら**たて軸とよこ軸が何を表しているか**を見ておこう。

☑ 選択肢を check！

英文を選ぶ問題では，選択肢の登場人物，場所，日時などを事前に見つけ出して○やアンダーラインなどの"しるし"をつけておこう。また，選択肢の共通点と相違点を見つけて質問を予想しておこう。

☑ 数字表現を check！

英語リスニング問題で必ず出題されるのが数字表現です。問題に数を表したイラストや時間を表す単語などがあるときは，数字を意識して解く問題だと予想しておこう。あらかじめ，問題文の英単語を数字に置きかえてメモしておく（fifteen → 15）とよい。

リスニング本番中の心構え

☑ メモにとらわれない！

英語リスニング問題ではほとんどの場合，「放送中にメモを取ってもかまいません。」という案内があります。特に，長文を聴き取らなくてはならないときはメモは不可欠です。ただし，メモを取るときに注意すべきことがあります。それは，**メモを取ることに集中しすぎて音声を聴き逃さない**ことです。○やアンダーラインなど自分がわかる"しるし"をうまく活用して，「聴く」ことから気をそらさないようにしよう。

☑ 2回目は聴き方を変える！

放送文が1回しか読まれない入試問題もありますが，多くの場合は質問も含めて2回繰り返して読まれます。2回繰り返して読まれるときは，1回目と2回目で聴き方を変えます。1回目は状況や場面を意識し，（質問が先に放送される場合は，）2回目は質問に合う答えを出すことを意識しよう。1回目で答えがわかったときは，2回目は聴き違いがないか消去法を使って確実に聴き取ろう。

この解答集の特長と使い方

問題を解き終えたら，基本問題集（別冊）P1 ～ P2 の手順で答え合わせと復習をしよう。
解答集の左側のページにある QR コードを読み取ると，そのページの**さらに詳しい解説**を見ることができます。

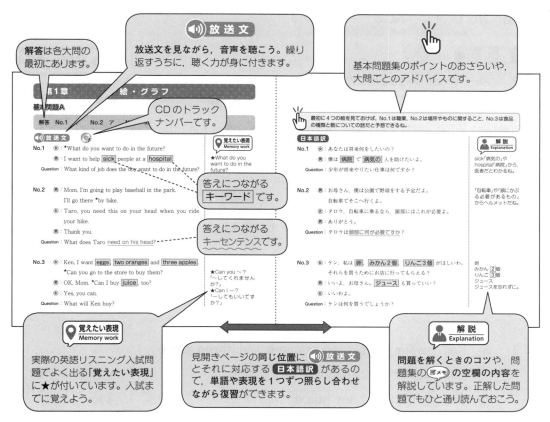

解答は各大問の最初にあります。

◀)) 放送文
放送文を見ながら，音声を聴こう。繰り返すうちに，聴く力が身に付きます。

基本問題集のポイントのおさらいや，大問ごとのアドバイスです。

CDのトラックナンバーです。

答えにつながる **キーワード** です。

答えにつながる**キーセンテンス**です。

覚えたい表現 Memory work
実際の英語リスニング入試問題でよく出る「覚えたい表現」に★が付いています。入試までに覚えよう。

見開きページの同じ位置に ◀)) 放送文 とそれに対応する 日本語訳 があるので，単語や表現を1つずつ照らし合わせながら復習ができます。

解説 Explanation
問題を解くときのコツや，問題集の 図メモ の空欄の内容を解説しています。正解した問題でもひと通り読んでおこう。

覚えたい表現 Memory work　まとめ　（P37 ～ 38）

「覚えたい表現」をおさらいしておこう。
このページの QR コードを読み取ると，グループ分けした「覚えたい表現」を見ることができます。

◀)) 聞き違いをしやすい表現 Easy to mistake　（P39）

「聞き違いをしやすい表現」を知っておこう。
このページの音声はCDや教英出版ウェブサイトで聴くことができます。

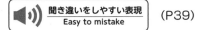

もっと **リスニング力** をつけるには

◀)) 音声に合わせてシャドーイング（発音）してみよう！
正しい発音ができるようになると聴く力もぐんと上がります。まずは自分のペースで放送文を声に出して読んでみよう。次に音声に合わせて発音していこう。最初は聴こえたまま声に出し，慣れてきたら正しい発音を意識しよう。繰り返すうちに，おのずと正しい発音を聴き取る耳が鍛えられます。

◀)) 音声を聴きながらディクテーション（書き取り）してみよう！
聴こえた英文を書き取る練習をしよう。何度も聴いて文が完成するまでトライしよう。聴き取れなかった単語や文がはっきりするので，弱点の克服につながります。また，英語を書く力も鍛えられます。

第1章　　　　　絵・グラフ

基本問題A

解答　No.1　イ　　No.2　ア　　No.3　エ

 放送文

No.1　(女)：★What do you want to do in the future?

(男)：I want to help sick people at a hospital .

Question：What kind of job does the boy want to do in the future?

No.2　(男)：Mom, I'm going to play baseball in the park.

I'll go there ★by bike.

(女)：Taro, you need this on your head when you ride your bike.

(男)：Thank you.

Question：What does Taro need on his head?

No.3　(女)：Ken, I want eggs , two oranges and three apples .

★Can you go to the store to buy them?

(男)：OK, Mom. ★Can I buy juice , too?

(女)：Yes, you can.

Question：What will Ken buy?

> 🔲 **覚えたい表現**
> **Memory work**
>
> ★What do you want to do in the future?
> 「あなたは将来何をしたいですか？」
>
> ★by bike
> 「自転車で」
>
> ★Can you ～?
> 「～してくれませんか？」
> ★Can I ～?
> 「～してもいいですか？」

基本問題B

解答　No.1　ア　　No.2　イ　　No.3　ア　　No.4　イ

 放送文

No.1　A man is ★looking at a clock on the wall .

Question：Which person is the man?

No.2　It was snowing this morning, so I couldn't go to school by bike. I ★had to walk.

Question：How did the boy go to school this morning?

> 🔲 **覚えたい表現**
> **Memory work**
>
> ★look at ～
> 「～を見る」
>
> ★have to ～
> 「～しなければならない」

最初に4つの絵を見ておけば，No.1は職業，No.2は場所やものに関すること，No.3は食品の種類と数についての話だと予想できるね。

日本語訳

No.1 　（女）：あなたは将来何をしたいの？

　　　　（男）：僕は 病院 で 病気の 人を助けたいよ。

　　Question：少年が将来やりたい仕事は何ですか？

> **解説 Explanation**
>
> sick「病気の」やhospital「病院」から，医者だとわかるね。

No.2 　（男）：お母さん，僕は公園で野球をする予定だよ。

　　　　　　自転車でそこへ行くよ。

　　　　（女）：タロウ，自転車に乗るなら，頭部にはこれが必要よ。

　　　　（男）：ありがとう。

　　Question：タロウは頭部に何が必要ですか？

> 「自転車」や「頭にかぶる必要があるもの」からヘルメットだね。

No.3 　（女）：ケン，私は 卵 ， みかん2個 ， りんご3個 がほしいわ。

　　　　　　それらを買うためにお店に行ってもらえる？

　　　　（男）：いいよ，お母さん。 ジュース も買っていい？

　　　　（女）：いいわよ。

　　Question：ケンは何を買うでしょうか？

> 卵
> みかん ②個
> りんご ③個
> ジュース
> ジュースを忘れずに。

4つの絵を見比べて，メモする内容を予想できたかな？ No.1は男性がしていること，No.2は天気と移動手段，No.3は少年の体調，No.4は時刻だね。

日本語訳

No.1 　男性が 壁 の 時計 を見ています。

　　Question：その男性はどの人ですか？

>  **解説 Explanation**
>
> clock「掛け時計／置き時計」より，アだね。

No.2 　今朝は 雪が降って いたので，私は学校に自転車で行けませんでした。私は 歩かなければなりませんでした 。

　　Question：その少年は今朝，どうやって学校へ行きましたか？

> "snowing"，"walk"が聞き取れれば，イとわかるね。

No.3　女：★What's the matter?

　　　　男：Well, I've had a stomachache since this morning.
　　　　　　 I didn't have it ★last night.

　　　　女：That's too bad. Are you all right?

　　Question：When did the boy have a stomachache?

> **覚えたい表現**
> **Memory work**
>
> ★What's the matter?「どうしたの？」
> ★last night「昨夜」

No.4　女：Good morning, Kanta. Did you sleep well last night?

　　　　男：Yes, Judy. I ★went to bed at eleven last night and ★got up at seven this morning.

　　　　女：Good. I could only sleep ★for six hours.

　　Question：What time did Kanta get up this morning?

> **覚えたい表現**
> ★go to bed「寝る」
> ★get up「起きる」
> ★for ～（期間を表す言葉）「～の間」

練習問題A

> **解答**　No.1　ア　　No.2　エ　　No.3　ア　　No.4　ウ

No.1　女：Ah, I hope it will ★stop raining soon.

　　　　男：It was sunny yesterday.

　　　　女：Yes. But the TV says we will have snow this afternoon.

　　　　男：Really? ★How about tomorrow?

　　　　女：It will be cloudy.

　　Question：How will the weather be tomorrow?

> **覚えたい表現**
> **Memory work**
>
> ★stop ～ing「～することをやめる」
>
> ★How about ～?「～はどうですか？」

No.2　男：★Thank you for giving me a birthday present, Mary.
　　　　　　 I like the bag very much.

　　　　女：I'm happy you like it, Kenta.
　　　　　　 Oh, you're wearing a nice T-shirt today.

　　　　男：This is a birthday present from my sister.
　　　　　　 And my mother made a birthday cake ★for me.

　　　　女：Great. But you wanted a computer, right?

　　　　男：Yes, I got one from my father!

　　Question：What did Kenta get from his father?

> ★Thank you for ～ ing.「～してくれてありがとう」
>
> ★for ～（対象を表す言葉）「～のために」

No.3　女：どうしたの？

　　　男：うーん，今朝からずっとお腹が痛いんです。

　　　　　昨夜は痛くなかったのですが。

　　　女：それは大変ね。大丈夫？

　　　Question：少年はいつお腹が痛かったですか？

解説
Explanation

昨夜
お腹が痛くない。
今朝
お腹が痛い。

No.4　女：おはよう，カンタ。昨夜はよく眠れた？

　　　男：うん，ジュディ。昨夜は11時に寝て，今朝は７時に起きたよ。

　　　女：いいね。私は６時間しか眠れなかったわ。

　　　Question：カンタは今朝何時に起きましたか？

質問に
this morning「今朝」
とあるから起きた時
刻の午前７時だね。

No.1は天気，No.2は誕生日プレゼント，No.3は時刻，No.4はクラスのアンケート結果についてメモしよう。No.3は計算が必要だね。

日本語訳

No.1　女：ああ，すぐに雨が止んでほしいわ。

　　　男：昨日は晴れていたのに。

　　　女：ええ。でもテレビによると，今日の午後は雪らしいわ。

　　　男：本当に？　明日はどう？

　　　女：くもりらしいわ。

　　　Question：明日の天気はどうですか？

解説
Explanation

昨日：晴れ
現在：雨
今日午後：雪
明日：くもり
質問はtomorrow
「明日」だからくもり
だね。

No.2　男：誕生日プレゼントをありがとう，メアリー。

　　　　　バッグをとても気に入ったよ。

　　　女：気に入ってくれてよかったわ，ケンタ。

　　　　　あら，今日は素敵なTシャツを着ているわね。

　　　男：これは姉(妹)からの誕生日プレゼントなんだ。

　　　　　母も僕のために誕生日ケーキを作ってくれたんだ。

　　　女：すてき。でもあなたはパソコンがほしかったんでしょ？

　　　男：そうだよ，父からもらったよ！

　　　Question：ケンタは父から何をもらいましたか？

メアリー：バッグ
姉(妹)：Tシャツ
母：誕生日ケーキ
父：パソコン
質問はfather「父」か
らもらったものだか
ら，パソコンだね。

No.3　⼥：The movie will start at 11:00.

　　　　　★What time shall we meet tomorrow, Daiki?

　　　⼥：How about meeting at the station at 10:30, Nancy?

　　　⼥：Well, I want to go to a bookstore with you before the movie starts. Can we meet earlier?

　　　⼥：All right. Let's meet at the station fifty minutes before the movie starts.

　　　⼥：OK. See you tomorrow!

　Question：What time will Daiki and Nancy meet at the station?

★What time shall we meet?
「何時に待ち合わせようか？」

No.4　⼥：Tsubasa, look at this!

　　　　　We can see the most popular sports in each class.

　　　男：Soccer is ★the most popular in my class, Mary.

　　　⼥：Soccer is popular in my class, too.
　　　　　But volleyball is more popular.

　　　男：I see. And many of my classmates want to play softball. I want to try it, too!

　　　⼥：Really? ★No students in my class want to play softball.

　Question：Which is Mary's class?

★the＋最上級＋in＋○○
「○○の中で最も…」

★no＋人
「(人)が1人もいない」

練習問題B

解答	No.1　ア	No.2　ウ	No.3　ア	No.4　ウ

No.1　⼥：Kota, what a nice room!

　　　男：Thank you! Do you know what this is, Judy?

　　　⼥：No. ★I've never seen it before. Is it a table?

　　　男：Yes, but this is not just a table.
　　　　　This also ★keeps us warm in winter.

　Question：What are they talking about?

★I've never ～.
「私は一度も～したことがない」

★keep＋人／もの＋状態「(人／もの)を(状態)に保つ」

No.3　女：映画は11時に始まるわ。

明日は何時に待ち合わせようか，ダイキ？

男：10時半に駅で待ち合わせるのはどう，ナンシー？

女：そうねぇ，私は映画が始まる前にあなたと書店に行きたいわ。

もっと早く待ち合わせできる？

男：いいよ。映画が始まる50分前に駅で会おう。

女：わかったわ。また明日ね！

Question：ダイキとナンシーは何時に駅で待ち合わせますか？

解 説 Explanation

11時に映画が始まる。その50分前に待ち合わせするから，**ア**の「10時10分」だね。fifty「50」は前にアクセント，fifteen「15」は後ろにアクセントがあるよ。

No.4　女：ツバサ，これを見て！

それぞれのクラスで1番人気のあるスポーツがわかるわ。

男：僕のクラスではサッカーが1番人気だね，メアリー。

女：サッカーは私のクラスでも人気よ。

でも，バレーボールの方がもっと人気だわ。

男：そうだね。それから，僕のクラスメートの多くはソフトボールをやりたいようだよ。僕もやってみたいな！

女：本当？私のクラスではソフトボールをやりたい生徒はいないわ。

Question：メアリーのクラスはどれですか？

ツバサのクラス：
サッカーが1位
ソフトボールが人気

メアリーのクラス：
サッカーよりバレーボールが人気
ソフトボールが0人

 グラフの問題の音声を聞くときは，1番多い(少ない)もの，増加，減少などをメモしよう。消去法も有効だよ。

日本語訳

No.1　女：コウタ，何て素敵な部屋なの！

男：ありがとう！これは何か知ってる，ジュディ？

女：いいえ。一度も見たことがないわ。テーブルかしら？

男：そうだよ，でもこれはただのテーブルではないんだ。

これは冬に僕らを温めてもくれるんだ。

Question：彼らは何について話していますか？

解 説 Explanation

ただのテーブルではなく，温めてくれるもの→「こたつ」だね。

No.2　(男)：Kate, this is a picture of our music band.

We played some songs at the ★school festival this year.

It was a wonderful time for us!

(女)：You ★look excited, Hiroshi.

Who is the student playing the guitar ★next to you?

(男)：He is Ryosuke. He plays the guitar well, and the other student playing the guitar is Taro.

(女)：I see. The student playing the drums is Takuya, right?

★I hear he ★is good at singing, too.

Question：Which boy is Hiroshi?

No.3　It was interesting to know what activity you enjoyed the best in my English class.

I ★was glad to know that ★over ten students chose ★making speeches. Eight students chose reading stories, and ★the same number of students chose writing diaries.

Maybe you can guess the most popular activity among you. It was listening to English songs.

I hope you will ★keep enjoying English.

Question：Which graph is the speaker explaining?

No.4　Look at the graph.

This is a graph of the number of visitors to the art museum which was built in 2014 in our city.

The number kept ★going up until 2016.

But the next year, it ★went down 20%.

The numbers in 2017 and 2018 were the same.

Question：Which graph is the speaker explaining?

覚えたい表現
Memory work

★school festival
「学園祭」
★look 〜
「〜のように見える」
★next to 〜
「〜のとなりに」

★I hear (that) 〜.
「〜だそうだ」
★be good at 〜 ing
「〜することが得意だ」

★be glad to 〜
「〜してうれしい」
★over 〜「〜以上」
★make a speech
「スピーチをする」
★the number of 〜
「〜の数」

★keep 〜 ing
「〜し続ける」

★go up「増加する」

★go down
「減少する」

No.2　(男)：ケイト，これは僕らの音楽バンドの写真だよ。

僕らは今年学園祭で何曲か演奏したんだ。

僕らにとってすばらしい時間だったよ！

(女)：興奮しているようね，ヒロシ。

あなたのとなりでギターを弾いているのは誰？

(男)：彼はリョウスケだよ。彼はギターが上手なんだ，そしても

う1人，ギターを弾いているのがタロウだよ。

(女)：そうなの。ドラムをたたいているのはタクヤね？

彼は歌も上手だそうね。

Question：どの少年がヒロシですか？

ギター：
リョウスケとタロウ
ドラム：タクヤ
ヒロシはリョウスケ
のとなりにいる**ウ**だ
ね。

No.3　私の英語の授業の中で，みなさんが何の活動を一番楽しんだか

がわかって興味深かったです。

私は，10人以上の生徒がスピーチをすることを選んでくれたと

知って，うれしく思いました。8人の生徒が物語を読むことを

選び，同じ人数の生徒が日記を書くことを選びました。

みなさんのあいだで一番人気があったものはたぶん想像がつく

と思います。

英語の歌を聞くことでした。

これからもずっと英語を楽しんでほしいです。

Question：話し手が説明しているのはどのグラフですか？

音声を聞く前にグラ
フの項目名を見てお
こう。
スピーチ：10人以上
物語：8人
日記：物語と同じ人数
英語の歌：最も人気

これらの情報から**ア**
を選べるね。

No.4　グラフを見て下さい。

これは，2014年に私たちの市に建てられた美術館の，来場者数

のグラフです。

その数は2016年まで増加し続けました。

しかし，次の年に20％減少しました。

2017年と2018年は同数でした。

Question：話し手が説明しているのはどのグラフですか？

増減に着目しよう。
「2016年まで増加」
「2017年と2018年は
同数」より，**ウ**だ
ね。

第2章　　　次の一言

基本問題

解答　No.1　イ　　No.2　ウ　　No.3　イ　　No.4　ア

放送文　◎5

No.1　㊛：★Have you ever been to a foreign country?

　　　㊚：Yes. I went to Australia last year.

　　　㊛：Oh, I see. How long did you stay there?

> ア　By plane.　㋐ **For six days.**　ウ　With my family.

No.2　㊛：★May I help you?

　　　㊚：Yes, I'm ★looking for a blue jacket.

　　　㊛：How about this one?

> ア　Here you are.　イ　I'm just looking.　㋒ **It's too expensive for me.**

No.3　㊛：★What are you going to do this weekend?

　　　㊚：I'm going to ★go fishing in the sea with my father if it's sunny.

　　　㊛：Really? That will be fun.

> ア　Sorry, I'm busy.　㋐ **I hope the weather will be nice.**
> ウ　Nice to meet you.

No.4　㊛：Hello.

　　　㊚：Hello, this is Mike. ★May I speak to Yoko?

　　　㊛：I'm sorry. She isn't at home now.

> ㋐ **OK. I'll call again later.**　イ　Shall I take a message?
> ウ　Hello, Yoko. How are you?

覚えたい表現
Memory work

★Have you ever been to 〜?
「〜に行ったことがありますか?」

★May I help you?
「お手伝いしましょうか?／いらっしゃいませ」
★look for 〜
「〜を探す」

★What are you going to do?
「何をするつもりですか?」
★go fishing
「釣りに行く」

★May I speak to 〜?
「(電話で)〜さんをお願いできますか?」

最後の英文をメモできたかな。質問ならばそれに合う答えを選び，質問でなければ，話の流れから考えよう。消去法も有効だよ。

日本語訳

解　説
Explanation

No.1 　⟨女⟩：外国に行ったことはある？

　　　　⟨男⟩：うん。去年，オーストラリアに行ったよ。

　　　　⟨女⟩：あら，そうなの。そこにはどれくらい滞在したの？

　ア　飛行機だよ。　　④　6日間だよ。　　ウ　家族と一緒にだよ。

最後の英文
How long ～？
「（期間をきいて）どれくらい～？」より，返答はFor ～.
「～間です」だね。

No.2 　⟨女⟩：お手伝いしましょうか？

　　　　⟨男⟩：はい，青いジャケットを探しています。

　　　　⟨女⟩：こちらはいかがですか？

　ア　はい，どうぞ。　　イ　見ているだけです。　　⑨　私には値段が高すぎます。

最後の英文
How about this one?
「こちらはいかがですか？」より，返答はウだね。

No.3 　⟨女⟩：この週末は何をするつもりなの？

　　　　⟨男⟩：晴れたら，父と海に釣りに行くつもりだよ。

　　　　⟨女⟩：本当に？それは楽しそうね。

　ア　ごめん，僕は忙しいんだ。　　④　天気が良いことを願うよ。
　ウ　会えてうれしいよ。

最後の英文が質問ではない。その前に「晴れたら…」と言っているので，話の流れからイだね。

No.4 　⟨女⟩：もしもし。

　　　　⟨男⟩：もしもし，マイクです。ヨウコさんをお願いできますか？

　　　　⟨女⟩：ごめんね。彼女は今家にいないわ。

　⑦　わかりました。あとでかけ直します。　　イ　伝言を預かりましょうか？
　ウ　やあ，ヨウコ。元気？

電話で相手が不在だった場合，電話をかけた側がよく使う表現を選ぶよ。ふさわしいのはアだね。

練習問題

解答　No.1　エ　　No.2　ウ　　No.3　イ　　No.4　ア

🔊 放送文　◎6

覚えたい表現
Memory work

No.1　(男)：Hello?

　　　　(女)：This is Natsuki. May I speak to Jim, please?

　　　　(男)：I'm sorry, but ★you have the wrong number.

> ア　I don't know your phone number.
> イ　I see. Do you want to leave a message?
> ウ　Can you ask him to call me?
> ㋒ I'm so sorry.

★You have the
wrong number.
「番号が違っていま
す」

No.2　(男)：Have you finished cooking?

　　　　(女)：No. ★I've just washed the tomatoes and carrots.

　　　　(男)：OK. Can I help you?

> ア　Sorry. I haven't washed the tomatoes yet.
> イ　I don't think so. Please help me.
> ㋒ Thanks. Please cut these carrots.
> エ　All right. I can't help you.

★I've just＋過去分詞.
「ちょうど〜したとこ
ろだ」

No.3　(女)：It's so hot today. Let's have something to drink.

　　　　(男)：Sure. I know a good shop. It ★is famous for fruit juice.

　　　　(女)：Really? ★How long does it take to get there from here by bike?

> ア　Ten o'clock in the morning.　㋑ Only a few minutes.
> ウ　Four days a week.　エ　Every Saturday.

★be famous for 〜
「〜で有名である」
★How long does
it take to 〜?
「〜するのにどれく
らい時間がかかりま
すか？」

No.4　(男)：Whose notebook is this? ★There's no name on it.

　　　　(女)：Sorry, Mr. Jones. It's mine.

　　　　(男)：Oh, Ellen. You should write your name on your notebook.

> ㋐ Sure. I'll do it now.　イ　No. I've never sent him a letter.
> ウ　Yes. You found my name on it.　エ　Of course. I finished my homework.

★There is no 〜 .
「〜がない」

最後の英文を聞き取って，メモできたかな？質問や提案に対する受け答えを注意深く選ぼう。

日本語訳

No.1　男：もしもし？

　　　　女：ナツキです。ジムさんをお願いできますか？

　　　　男：すみませんが，番号が違っています。

ア	私はあなたの電話番号を知りません。
イ	わかりました。伝言を残したいですか？
ウ	私に電話するよう彼に伝えてくれますか？
エ	失礼しました。

男性の「番号が違っています」に対して，エ「失礼しました」以外は不適切だね。

No.2　男：料理は終わった？

　　　　女：いいえ。ちょうどトマトとニンジンを洗ったところよ。

　　　　男：よし，手伝おうか？

ア	ごめん。私はまだトマトを洗い終えていないの。
イ	そうは思わないわ。私を手伝って。
ウ	ありがとう。ニンジンを切って。
エ	わかったわ。私は手伝えないわ。

男性の提案「手伝おうか？」に対して，ウ「ありがとう。ニンジンを切って」以外は不適切だね。

No.3　女：今日はとても暑いわ。何か飲みましょう。

　　　　男：いいね。いい店を知っているよ。フルーツジュースで有名なんだ。

　　　　女：本当に？自転車でそこに行くのにどれくらい時間がかかるの？

ア	午前10時だよ。	イ	ほんの数分だよ。
ウ	週に４日だよ。	エ	毎週土曜日だよ。

How long does it take to～?「～するのにどれくらい時間がかかりますか？」に対して，イ Only a few minutes.「ほんの数分」以外は不適切だね。

No.4　男：これは誰のノートかな？名前が書いてないな。

　　　　女：すみません，ジョーンズ先生。私のです。

　　　　男：おお，エレン。ノートには自分の名前を書いておくべきだよ。

ア	わかりました。すぐにそうします。
イ	いいえ。彼に手紙を送ったことはありません。
ウ	はい。あなたはそこに私の名前を見つけましたよね。
エ	もちろんです。私は宿題を終えました。

先生から「ノートには自分の名前を書いておくべきだよ」と言われたことに対して，ア「わかりました。すぐにそうします」以外は不適切だね。

第３章　　　対話や英文と質問（１つ）

基本問題

解答　No.1　エ　　No.2　ア　　No.3　ウ

 放送文　

No.1　Mike finished his homework.

He was very hungry.

His mother said, "Dinner ★is ready.

Please ★tell Dad to come to the dining room."

So he went to his father.

Question：What is Mike's mother going to do?

> ア　She is going to do Mike's homework with her husband.
> イ　She is going to cook dinner in the dining room.
> ウ　She is going to go to the dining room with Mike.
> エ　She is going to eat dinner with her husband and Mike.

★be ready
「準備ができている」
★tell＋人＋to〜
「（人）に〜するように言う」

No.2　㊛：Tom, how's the pizza?

㊚：It's delicious, Lisa. I like your pizza very much.

㊛：Thank you. ★Would you like some more?

Question：What will Tom say next?

> ア　Yes, please. I want more.　イ　Help yourself, Lisa.
> ウ　I'm sorry. I can't cook well.　エ　Of course. You can take it.

★Would you like some more?
「もう少しいかが？」
（食べ物などを勧めるときの表現）

No.3　㊛：I want this black pen. ★How much is it?

㊚：Now we're having a sale. It's 1,500 yen this week.

㊛：I'll take it. It's a birthday present for my father.

Question：Where are they?

> ア　They are in the nurse's office.　イ　They are in the library.
> ウ　They are at a stationery shop.　エ　They are at a birthday party.

★How much 〜？
「〜はいくらですか？」

選択肢を読み比べておくと，誰の何について質問されるかをある程度予想できるよ。対話を聞きながら，人の名前や行動などをメモしよう。

日本語訳

No.1　マイクは宿題を終えました。

彼はとてもお腹がすいていました。

母親が言いました。「夕食の準備ができたわ。

お父さんにダイニングに来るように言って」

それで彼は父親のところに行きました。

　Question：マイクの母親は何をするつもりですか？

> ア　彼女は夫と一緒にマイクの宿題をするつもりです。
> イ　彼女はダイニングで夕食を作るつもりです。
> ウ　彼女はマイクとダイニングに行くつもりです。
> エ　彼女は夫とマイクと一緒に夕食を食べるつもりです。

No.2　⑨：トム，ピザはどう？

　　　⑧：おいしいよ，リサ。僕は君のピザが大好きだよ。

　　　⑨：ありがとう。もう少しいかが？

　Question：トムは次に何を言うでしょうか？

> ア　うん，お願い。もっとほしい。　　イ　自由に取ってね，リサ。
> ウ　ごめん。うまく料理できないんだ。　エ　もちろん。取っていいよ。

No.3　⑨：私はこの　黒いペン　を買いたいです。おいくらですか？

　　　⑧：ただいまセール中です。今週は1500円です。

　　　⑨：それをいただきます。父への誕生日プレゼントなんです。

　Question：彼らはどこにいますか？

> ア　彼らは保健室にいます。　　イ　彼らは図書館にいます。
> ウ　彼らは文具店にいます。　　エ　彼らは誕生日会にいます。

解説
Explanation

マイク：宿題が終わった。おなかがすいた。父親を呼びに行く。
母親：夕食の準備ができた。
つまり，これから3人で夕食を食べるので，エだね。

リサがトムに「もう少しいかが？」と勧めているので，アだね。

黒いペンを売っている店だから，ウのstationery shop「文具店」だね。

練習問題

解答　No.1　ア　　No.2　イ　　No.3　ア　　No.4　イ

放送文　◎8

No.1　(男)：I'm going to buy a birthday present for my sister. Lisa, can you go with me?

(女)：Sure, Ken.

(男)：★Are you free tomorrow?

(女)：Sorry, I can't go tomorrow. When is her birthday?

(男)：Next Monday. Then, how about this Saturday or Sunday?

(女)：Saturday is fine with me.

(男)：Thank you.

(女)：What time and where shall we meet?

(男)：How about at eleven at the station?

(女)：OK. See you then.

Question：When are Ken and Lisa going to buy a birthday present for his sister?

ア　This Saturday.　イ　This Sunday.　ウ　Tomorrow.　エ　Next Monday.

★Are you free?
「（時間が）空いている？」

No.2　(女)：Hello?

(男)：Hello. This is Tom. Can I speak to Eita, please?

(女)：Hi, Tom. I'm sorry, he ★is out now.
Do you ★want him to call you later?

(男)：Thank you, but I have to go out now. ★Can I leave a message?

(女)：Sure.

(男)：Tomorrow we are going to do our homework at my house. ★Could you ask him to bring his math notebook?
I have some questions to ask him.

(女)：OK, I will.

Question：What does Tom want Eita to do?

ア　To do Tom's homework.　イ　To bring Eita's math notebook.
ウ　To call Tom later.　エ　To leave a message.

★be out
「外出している」
★want＋人＋to ～
「（人）に～してほしい」
★Can I leave a message?
「伝言をお願いできますか？」

★Could you ～？
「～していただけませんか？」

音声を聞く前に選択肢を読み比べて,質問される人や内容を考えておこう。対話が長いので,ポイントをしぼってメモをとろう。

日本語訳

解説 Explanation

No.1
男：姉(妹)の誕生日プレゼントを買おうと思っているんだ。リサ,一緒に来てくれない?

女：いいわよ,ケン。

男：明日は空いてる?

女：ごめんね,明日は行けないわ。彼女の誕生日はいつ?

男：次の月曜日だよ。じゃあ,この土曜日か日曜日はどう?

女：土曜日は都合がいいわ。

男：ありがとう。

女：何時にどこで待ち合わせる?

男：11時に駅でどうかな?

女：ええ。じゃあそのときね。

Question：ケンとリサはいつ彼の姉(妹)の誕生日プレゼントを買うつもりですか?

⑦ この土曜日。　イ　この日曜日。　ウ　明日。　エ　次の月曜日。

選択肢より,曜日に注意してメモをとろう。This Saturday.「この土曜日」の**ア**だね。

No.2
女：もしもし?

男：もしもし。トムです。英太さんをお願いできますか?

女：こんにちは,トム。ごめんね,彼は今外出しているわ。あとでかけ直すようにしましょうか?

男：ありがとうございます,でもすぐに外出しないといけないんです。伝言をお願いできますか?

女：いいわよ。

男：明日,僕の家で一緒に宿題をすることになっています。数学のノートを持ってくるよう彼に頼んでいただけませんか?彼にいくつか尋ねたいことがあるんです。

女：わかったわ,伝えておくわ。

Question：トムが英太にしてほしいことは何ですか?

ア　トムの宿題をすること。　④　数学のノートを持ってくること。
ウ　あとでトムに電話すること。　エ　伝言を残すこと。

選択肢より,英太がトムに対してすること(トムが英太にしてほしいこと)を選ぼう。トムは3回目の発言で**イ**の内容の伝言を伝えたんだね。

— 18 —

No.3　⊕：Hi, Mike. ★What kind of book are you reading?

　　　　♂：Hi, Rio. It's about *ukiyoe* pictures. I learned about them last week.

　　　　⊕：I see. You can see *ukiyoe* in the city art museum now.

　　　　♂：Really? I want to visit there.

　　　　　　In my country, there are some museums that have *ukiyoe*, too.

　　　　⊕：Oh, really? I ★am surprised to hear that.

　　　　♂：I have been there to see *ukiyoe* once.

　　　　　　I want to see them in Japan, too.

　　　　⊕：I went to the city art museum last weekend.

　　　　　　It was very interesting. You should go there.

　　Question：Why was Rio surprised?

> ⑦ **Because Mike said some museums in his country had *ukiyoe*.**
> イ　Because Mike learned about *ukiyoe* last weekend.
> ウ　Because Mike went to the city art museum in Japan last weekend.
> エ　Because Mike didn't see *ukiyoe* in his country.

No.4　⊕：Hello, Hiroshi. How was your holiday?

　　　　♂：It was great, Lisa. I went to Kenroku-en in Kanazawa. It is a beautiful Japanese garden.

　　　　⊕：How did you go there?

　　　　♂：I took a train to Kanazawa from Toyama.

　　　　　　Then I wanted to take a bus from Kanazawa Station, but there were many people. So I ★decided to walk.

　　　　⊕：Oh, really? How long did it take ★from the station to Kenroku-en?

　　　　♂：About 25 minutes. I saw many people from other countries.

　　　　⊕：I see. Kanazawa is an ★international city.

　　Question：Which is true?

> ア　It took about 25 minutes from Toyama to Kanazawa.
> ④ **Hiroshi walked from Kanazawa Station to Kenroku-en.**
> ウ　Hiroshi went to many countries during his holiday.
> エ　Hiroshi took a bus in Kanazawa.

覚えたい表現
Memory work

★What kind of ～？
「どんな種類の～？」

★be surprised to ～
「～して驚く」

★decide to ～
「～することに決める
／決心する」
★from A to B
「AからBまで」

★international
「国際的な」

No.3　　女：こんにちは，マイク。どんな本を読んでいるの？

　　　　　男：やあ，リオ。浮世絵についての本だよ。先週それらについて学んだんだ。

　　　　　女：そうなの。今，市立美術館で浮世絵を見ることができるよ。

　　　　　男：本当に？そこに行きたいな。
　　　　　　　<u>僕の国にも，浮世絵のある美術館があるよ。</u>

　　　　　女：え，本当に？それを聞いて 驚いた わ。

　　　　　男：僕は一度そこに浮世絵を見に行ったことがあるよ。
　　　　　　　日本でも見たいな。

　　　　　女：先週末，市立美術館に行ったの。
　　　　　　　とても面白かったわ。あなたも行くべきよ。

　　Question：なぜリオは驚きましたか？

> ㋐ **マイクが彼の国の美術館に浮世絵があると言ったから。**
> イ　マイクが先週末に浮世絵について学んだから。
> ウ　マイクが先週末に日本の市立美術館に行ったから。
> エ　マイクが彼の国で浮世絵を見なかったから。

解説
Explanation

選択肢が全て
Because Mike 〜．
マイクが言ったことは
・浮世絵についての
　本を読んでいる。
・浮世絵のある美術
　館が自国にもある。
・自国の美術館に浮
　世絵を見に行った
　ことがある。
・日本でも浮世絵を
　見たい。
質問は「リサが驚い
た理由」だから，ア
ね。

No.4　　女：こんにちは，ヒロシ。休みはどうだった？

　　　　　男：すばらしかったよ，リサ。金沢の兼六園に行ったよ。
　　　　　　　美しい日本庭園だよ。

　　　　　女：そこにはどうやって行ったの？

　　　　　男：富山から金沢まで電車に乗ったよ。
　　　　　　　そして<u>金沢駅からはバスに乗りたかったけれど，とても
　　　　　　　たくさんの人がいたんだ。それで僕は歩くことにしたよ。</u>

　　　　　女：まあ，本当？駅から兼六園までどれくらい時間がかかったの？

　　　　　男：約25分だよ。外国から来たたくさんの人を見たよ。

　　　　　女：なるほど。金沢は国際都市ね。

　　Question：どれが正しいですか？

> ア　富山から金沢まで約25分かかった。
> ㋑　**ヒロシは金沢駅から兼六園まで歩いた。**
> ウ　ヒロシは休みの間にたくさんの国に行った。
> エ　ヒロシは金沢でバスに乗った。

選択肢から以下の
キーワードにしぼっ
て，音声の同様の単
語に注意しよう。
ア 25 minutes
イ walk
ウ many countries
エ bus
アはヒロシの3回目，
イ，エは2回目の発
言にあるけど，ウは
音声にはないね。ヒ
ロシは金沢駅から兼
六園まで歩いたの
で，イだね。

第４章　語句を入れる

基本問題

解答　No.1　（ア）土　（イ）２時30分　（ウ）青
No.2　（ア）博物館〔別解〕美術館　（イ）150　（ウ）生活〔別解〕暮ら

放送文　9

No.1
㊛：David, the festival will ★be held ア from Friday to Sunday, right?
㊚：Yes, Kyoko. I'm going to join the dance event at the music hall ア★on the second day.
㊛：That's great! Can I join, too?
㊚：Sure. It will start at イ three in the afternoon.
Let's meet there イ 30 minutes before that.
We will wear ウ blue T-shirts when we dance.
Do you have one?
㊛：Yes, I do. I'll bring it.

No.2
㊚：What is this building, Kate? It looks very old.
㊛：This is a ア museum, Eita.
It was built about イ 150 years ago and used as a school.
㊚：What can we see here?
㊛：You can see how people ウ lived ★a long time ago.
★Shall we go inside now?
㊚：OK. Let's go.

覚えたい表現 Memory work

★be held「開催される」

★on the second day「2日目に」

★a long time ago「昔」
★Shall we ～？「(一緒に)～しましょうか？」

音声を聞く前に空欄を見て，どのような語句が入るか予想しよう。数を聞き取る問題は，アクセントに注意しよう。

日本語訳

 **解説**
Explanation

No.1　女：デイビッド，お祭りは ｱ│金曜日から日曜日まで│開催されるのよね？

　　　男：そうだよ，教子。僕は ｱ│2日目に│音楽ホールで行われるダンスイベントに参加する予定だよ。

　　　女：いいわね！私も参加していい？

　　　男：いいよ。それは午後 ｲ│3時│に始まるよ。

　　　　　ｲ│30分前│（＝午後2時30分）に現地で待ち合わせしよう。僕らはダンスをするときに ｳ│青いTシャツ│を着るんだ。持っている？

　　　女：ええ，持っているわ。それを持っていくね。

お祭り：
│金│曜日～│日│曜日
ダンスイベント：
│2│日目
開始時刻：午後│3│時
集合時刻：│30│分前
Tシャツの色：│青│色

No.2　男：この建物は何だろう，ケイト？とても古そうだね。

　　　女：これは ｱ│博物館│よ，英太。
　　　　　約 ｲ│150│年前に建てられて，学校として使われたの。

　　　男：ここでは何を見ることができるの？

　　　女：昔の人々がどのように ｳ│生活していた│かを見られるわ。では中に入りましょうか？

　　　男：うん。行こう。

ｱ
museum「博物館／美術館」を聞き取ろう。
ｲ
one hundred and fifty（＝150）
fiftyのアクセントに注意。fiftyのアクセントは前にあるよ。
ｳ
how以下が間接疑問。lived「生活していた」を聞き取ろう。

練習問題

解答　No.1　（ア）Sunday　（イ）11 (in the morning)　No.2　（ア）learn　（イ）Thursday

 放送文　🔟

No.1
男：Hi, Lisa. This is Mike. How's everything?

女：Great, thanks. *What's up?

男：My brother is coming to Fukuoka next Friday and will stay here for three weeks.
How about going to a ramen shop together?
He has wanted to eat ramen in Fukuoka *for a long time.

女：Oh, there's a good ramen shop near my house.
Let's go there.

男：That's great. He will be glad to hear that.
When and where shall we meet?

女：Can you come to my house at イ eleven in the morning next Saturday?
Then we can walk to the ramen shop together.

男：I'm sorry, I can't. I'm busy until three in the afternoon that day.
How about *イ the same time next ア Sunday ?

女：All right. Can I *invite my friend Nancy?

男：Sure. See you then. Bye.

No.2
男：Thank you for coming to our concert today, Aya. How was it?

女：Wonderful! Everyone was great. You especially played the violin very well, James. I really enjoyed the concert.

男：I'm glad to hear that.

女：I want to play the violin, too. ア Can you teach me *how to play it ?

男：ア Sure. イ I'm free every Thursday.
Please come to my house and we can practice together.

女：That's nice! Can I visit you next イ Thursday ?

男：Of course.

音声で流れない語句を答えなくてはならない場合もあるよ。そのようなときは，前後の内容から考えて語句を導き出そう。

日本語訳

No.1

男：もしもし，リサ。マイクだよ。元気？

女：元気よ。どうしたの？

男：兄(弟)が今度の金曜日に福岡に来て，3週間いるんだ。
一緒にラーメン屋に行かない？
兄(弟)がずっと福岡のラーメンを食べたいって言っててさ。

女：それなら家の近くにおいしいラーメン屋があるわよ。
そこに行こうよ。

男：やったあ。兄(弟)もそれを聞いたら喜ぶよ。
いつどこで待ち合わせをしようか？

女：今度の土曜日，ｲ 午前11時 に私の家に来られる？
歩いて一緒にラーメン屋まで行けるわ。

男：ごめん，無理だ。その日は午後3時まで忙しいんだ。
今度の ｱ 日曜日 の ｲ 同じ時間 はどう？

女：いいわよ。友達のナンシーも誘っていい？

男：もちろんだよ。じゃあそのときね。バイバイ。

No.2

男：今日はコンサートに来てくれてありがとう，アヤ。どうだった？

女：素敵だったわ！みんな上手だった。特にあなたはバイオリンをとても上手に演奏していたね，ジェームス。
本当にいいコンサートだったわ。

男：それを聞いてうれしいよ。

女：私もバイオリンを弾いてみたいわ。ｱ 弾き方を教えてくれない？

男：ｱ いいよ。ｲ 毎週木曜日は時間があるよ。
僕の家においてよ，それなら一緒に練習できるよ。

女：ありがとう！次の ｲ 木曜日 に行ってもいい？

男：もちろんだよ。

第5章　　　　対話と質問（複数）

基本問題

解答	No.1 イ	No.2 ア	No.3 イ	No. 4 ア

 放送文　

男：Hello, Ms. Brown.

女：Hi, Kenji. You don't look well today. ★What happened?

男：Last week we had a basketball game.

I was ★so nervous that I couldn't play well.

No.1 イ Finally, our team lost the game.

女：Oh, I understand how you feel.

I played basketball for ten years in America.

I felt nervous during games, too.

男：Oh, did you? No.2 ア I always ★feel sorry for my friends in my team when I make mistakes in the game.

女：Kenji, I had the same feeling. When I made a mistake in the game, I ★told my friends that I was sorry.

But one of my friends said, "Don't feel sorry for us. We can ★improve by making mistakes. You can try again!"

She told me with a big smile.

Her words and smile ★encouraged me.

★Since then, I have ★kept her words in mind.

男：Thank you, Ms. Brown. I learned a very important thing from you. No.4 ア Now I believe that I can improve my basketball skills by making mistakes.

女：Great, Kenji! I'm glad to hear that. No.3 イ When is your next game?

男：Oh, No.3 イ it's in November. Please come to watch our game!

女：Sure. I'm ★looking forward to seeing it. Good luck.

男：Thank you, Ms. Brown. I'll ★do my best.

覚えたい表現
Memory work

★What happened?
「何かあった？」

★so…that ～
「とても…なので～」

★feel sorry for ～
「～に申し訳なく思う」

★tell＋人＋that ～
「（人）に～と言う」

★improve
「上達する」

★encourage ～
「～を励ます」
★since then
「それ以来」
★keep ～ in mind
「～を心に留める」

★look forward to ～ ing
「～することを楽しみにする」
★do one's best
「ベストを尽くす」

音声を聞く前に問題文や選択肢を読んでおこう。対話が長いので，集中力を切らさず，答えに関する内容を正しく聞き取ってメモしよう。

日本語訳

男：こんにちは，ブラウン先生。

女：あら，ケンジ。今日は元気がないわね。何かあった？

男： 先週 ，バスケットボールの試合がありました。

　　とても緊張してうまくプレーできなかったんです。

　　No.1ｲ 結局，僕らのチームは試合に負けてしまいました。

女：まあ，私はあなたの気持ちがわかるわ。

　　私はアメリカで10年間バスケットボールをしていたの。

　　私もゲーム中に緊張していたわ。

男：先生もですか？ No.2ｱ 僕は試合でミスをしたとき，いつもチーム
　　の友達に申し訳なく思います。

女：ケンジ，私も同じ気持ちだったわ。試合で自分がミスをしたとき，

　　友達に謝っていたの。

　　でも，友達の１人が，「申し訳なく思うことはないわ。

　　私たちはミスをすることで上達するの。

　　また挑戦すればいいのよ！」と満面の笑みで言ってくれたのよ。

　　彼女の言葉と笑顔に励まされたわ。

　　それ以来，彼女の言葉を心に留めているの。

男：ありがとうございます，ブラウン先生。僕は先生からとても大切
　　なことを学びました。No.4ｱ 今はミスをすることによってバスケッ
　　トボールの技術を上達させられると信じています。

女：すごい，ケンジ！それを聞いてうれしいわ。No.3ｲ 次の試合はいつ？

男：ああ，No.3ｲ 11月にあります。僕たちの試合を見に来てください！

女：いいわ。試合を見るのを楽しみにしているわ。がんばってね。

男：ありがとうございます，ブラウン先生。ベストを尽くします。

解 説
Explanation

・先週の試合でケンジのチームは 負け た。

・ブラウン先生は アメリカ で 10 年間バスケットボールをしていた。

・ケンジはミスをすると 友達 に 申し訳ない と思う。

・ブラウン先生はミスをすると 友達 に 謝って いた。

・しかし，ブラウン先生の友達がまた 挑戦 すればいいと言った。その 言葉 と 笑顔 に励まされた。

・ケンジはブラウン先生からとても 大切 なことを学んだ。今ではミスをすることで バスケットボール の技術が 上達 すると信じている。

・ケンジの次の 試合 は 11 月にある。

・ブラウン先生は 試合 を楽しみにしている。

・ケンジは ベストを尽くす つもりだ。

練習問題

解答　No.1　イ　　No.2　イ　　No.3　エ　　No.4　エ

 放送文　 12

(女)：Hi, Daiki. What will you do during the spring vacation?

(男)：My family will spend five days in Tokyo with my friend, Sam.
He is a high school student from Sydney. I met him there.

(女)：I see. No.1 イ Did you live in Sydney?

(男)：No.1 イ Yes. My father worked there when I was a child.
Sam's parents ★asked my father to take care of Sam in Japan.
No.2 イ He will come to my house in Osaka next week.

(女)：Has he ever visited Japan?

(男)：No, he hasn't. I haven't seen him for a long time, but we often send e-mails to ★each other.

(女)：How long will he stay in Japan?

(男)：For ten days. No.3 エ Have you ever been to Tokyo, Cathy?

(女)：No.3 エ No, but I'll visit there this May with my friend, Kate.
She lives in America. Do you often go to Tokyo?

(男)：Yes. My grandmother lives there.
We will visit the zoo and the museum with her.
We will also go shopping together.

(女)：★That sounds good. Sam will be very glad.

(男)：I hope so. Well, I sent him a book about Tokyo which has ★a lot of beautiful pictures.

(女)：Cool. I also want to give a book like that to Kate because No.4 エ she likes taking pictures of beautiful places.
★Actually, she has been to many foreign countries to take pictures.

(男)：That's interesting. I like taking pictures, too.
So I want to see the pictures she took in other countries.

(女)：OK. I'll tell her about that.

(男)：Thank you.

Question No.1：Where did Daiki live when he was a child?

Question No.2：Who will come to Daiki's house next week?

Question No.3：Has Cathy visited Tokyo before?

Question No.4：What does Kate like to do?

覚えたい表現
Memory work

★ask＋人＋to ～
「(人)に～するように頼む」

★each other
「お互いに」

★That sounds good.
「それはいいね」
★a lot of ～
「たくさんの～」

★actually
「実際に／実は」

ダイキとキャシーの対話。ダイキの友達のサムと，キャシーの友達のケイトも出てくるよ。
音声を聞きながら，誰が何をしたかをメモしよう。

日本語訳

解説
Explanation

(女)：こんにちは，ダイキ。春休みは何をするの？

(男)：家族で，友達のサムと一緒に東京に５日間滞在するよ。サムはシドニー出身の高校生だよ。僕はシドニーで彼と知り合ったんだ。

(女)：そうなんだ。 No.1ィ **あなたはシドニーに住んでいたの？**

(男)：No.1ィ **そうだよ。僕が子どものころ，父がシドニーで働いていたんだ。** サムの両親が，日本に行くサムの面倒を見てくれるよう父に頼んだんだよ。

　　　No.2ィ **サムは来週，大阪の我が家に来るよ。**

(女)：彼は日本に来たことがあるの？

(男)：ないよ。僕も長いこと彼に会っていないんだ，でもお互いによくメールを送り合っているよ。

(女)：彼は日本にどのくらい滞在するの？

(男)：10日間だよ。No.3ェ **キャシーは東京に行ったことある？**

(女)：No.3ェ **いいえ，でも友達のケイトと，今年の５月に行くつもりよ。** 彼女はアメリカに住んでいるわ。あなたはよく東京に行くの？

(男)：うん。祖母が住んでいるんだ。
　　　僕たちは，祖母と一緒に動物園と博物館に行く予定だよ。
　　　それから一緒に買い物にも行くつもりなんだ。

(女)：それはいいわね。サムはとても喜ぶと思うわ。

(男)：そうだといいな。そういえば，僕はサムに，素敵な写真がたくさん載っている東京に関する本を送ったんだよ。

(女)：いいわね。私もそういう本をケイトに送りたいわ，No.4ェ **彼女は美しい場所の写真を撮るのが好きだから。**
　　　実は，彼女は写真を撮るためにたくさん外国に行っているのよ。

(男)：それは興味深いな。僕も写真を撮るのが好きだよ。
　　　だから彼女が外国で撮った写真を見たいな。

(女)：わかった。彼女にそう伝えておくわ。

(男)：ありがとう。

Question No.1：ダイキは子どものころ，どこに住んでいましたか？
Question No.2：来週，誰がダイキの家に来ますか？
Question No.3：キャシーは以前，東京に行ったことがありますか？
Question No.4：ケイトは何をするのが好きですか？

No.1
ダイキについての質問だね。ダイキは幼少期にシドニーに住んでいたと言っているね。

No.2
ダイキの家に来るのは，ダイキの友達のサムだね。

No.3
キャシーは，東京に行く予定はあるけれど，まだ行ったことはないと言っているね。Has Cathy ～？と聞かれたから，No, she hasn't. と答えよう。

No.4
キャシーが友達のケイトの好きなことを紹介しているね。

第６章　　　英文と質問（複数）

基本問題

解答　No.1　ア　　No.2　エ　　No.3　ウ

Today is the last day before summer vacation.

From tomorrow, you'll have twenty-five days of vacation and I'll give you some homework to do.

For your homework, you must write a report about the problems in the *environment and you must use *more than one hundred English words.

We've *finished reading the textbook about the problems in the environment.

So, No.1 ア in your report, you must write about *one of the problems in the textbook that is interesting to you.

*The textbook says that there are many kinds of problems like water problems or fires in the mountains.

No.2 エ The textbook also says that everyone in the world must continue thinking about *protecting the environment from these problems.

If you want to know more about it, use the Internet or books in the city library.

No.3 ウ Please give me your report at the next class.

I hope you enjoy this homework and have a good vacation.

★environment
「環境」
★more than ～
「～以上」
★finish ～ ing
「～し終える」

★one of ～
「～の１つ」

★the textbook says
(that)～「教科書に
は～と書いてある」

★protect A from B
「BからAを守る」

音声を聞く前に，問題文，質問，選択肢の内容から，聞き取るべきキーワードをイメージできたかな？それらのキーワードに関連する部分を中心にメモをとろう。

日本語訳

今日は夏休み前の最終日です。

明日からみなさんは25日間の休暇に入るので，宿題を出します。

みなさんは宿題として，環境問題についてのレポートを書いてください，なお，英単語を100語以上使わなければいけません。

私たちは環境問題についての教科書を読み終えました。

ですからNo.1 ァレポートでは，教科書の中で自分の興味がある問題の1つについて書いてください。

教科書には，水問題や山火事のような，多くの種類の問題があると書いてあります。

No.2 ェまた，教科書には，世界中の誰もが，これらの問題から環境を守ることを考え続けなければいけない，とも書いてあります。

もっと詳しく知りたい人は，インターネットや市立図書館にある本を利用してください。

No.3 ゥレポートは，次の授業で私に提出してください。

みなさんがこの宿題を楽しみ，良い休暇を過ごすことを願っています。

- 夏休み 前の 最終日 。明日から 25 日間の休みに入る。
- 環境 問題についてのレポートを書く。英単語を 100 語以上使う。
- 環境問題 についての 教科書 を読み終えた。
- 教科書 の中で 興味 がある問題を選ぶ。
- 教科書 には 世界中 の誰もが環境を 守ること について考え続けなければならないと書いてある。
- 詳しく知りたい人は インターネット や 市立図書館 の本を利用する。
- 次の授業 でレポートを提出する。

← さらに詳しい解説

練習問題

解答　No.1　イ　　No.2　エ　　No.3　ウ　　No.4　イ

 放送文　 14

Today, I'll tell you about my grandmother's birthday party.

Before her birthday, I talked about a birthday present for her with my father and mother.

My father said, "Let's go to a cake shop and buy a birthday cake."

No.1 イMy mother said, "That's a good idea. I know a good cake shop." But when I saw my bag, I had another idea. I said, "No.2 エMy grandmother made this bag *as my birthday present last year, so I want to make a cake for her."

They agreed.

No.3 ウOn her birthday, I started making the cake at nine in the morning. My father and mother helped me because that was *my first time. I finished making it at one in the afternoon.

We visited my grandmother at six and started the party for her.

First, we enjoyed a special dinner with her.

After that, I showed her the cake.

When she saw it, she said, "Wow, did you make it? I'm so happy. Thank you, Kyoko."

I *was happy to hear that.

No.4 イThen we *sang a birthday song for her and ate the cake with her. I'll never forget that wonderful day.

Question No.1：Who knew a good cake shop?

Question No.2：Why did Kyoko want to make a cake for her grandmother?

Question No.3：*How many hours did Kyoko need to make the cake?

Question No.4：What did Kyoko do at her grandmother's birthday party?

覚えたい表現
Memory work

★as ～「～として」

★my first time
「（私にとって）初めてのこと」

★be happy to ～
「～してうれしい」
★sang
sing「歌う」の過去形

★How many
hours ～？
「何時間～？」

選択肢から，No.1は人物，No.2は理由，No.3は時間，No.4は行動についての質問だと推測できるね。関連部分の音声に注意しながら聞き取ってメモをし，質問にそなえよう。

日本語訳

解説
Explanation

今日は，私の祖母の誕生日パーティーについて話そうと思います。

誕生日の前に，私は，祖母にあげる誕生日プレゼントについて両親と話しました。

父は，「ケーキ屋に行って誕生日ケーキを買おう」と言いました。

No.1 イ 母は，「いい考えね。私はおいしいケーキ屋を知っているわ」と言いました。しかし私は，自分のバッグを見て別の考えが浮かびました。

「No.2 エ おばあちゃんは去年，私の誕生日プレゼントとしてこのバッグを作ってくれたの。だから私はケーキを作りたいわ」と私は言いました。両親も賛成してくれました。

No.3 ウ 誕生日当日，私は午前9時からケーキを作り始めました。ケーキ作りは初めてのことだったので，両親が手伝ってくれました。私は午後1時にケーキを作り終えました。

私たちは6時に祖母の家に行き，パーティーを始めました。

まず，一緒にごちそうを楽しみました。

その後，私は祖母にケーキを見せました。

それを見ると，祖母は，「まあ，自分で作ったの？とってもうれしいわ。ありがとう，教子」と言いました。

私はそれを聞いてうれしくなりました。

No.4 イ それから私たちは，祖母のために誕生日の歌を歌って，一緒にケーキを食べました。私はあの素晴らしい日を決して忘れません。

Question No.1：おいしいケーキ屋を知っていたのは誰ですか？

Question No.2：教子はなぜ祖母にケーキを作ってあげたかったのですか？

Question No.3：教子はケーキを作るのに何時間かかりましたか？

Question No.4：教子は祖母の誕生日パーティーで何をしましたか？

No.1
おいしいケーキ屋を知っていた人は，ケーキを買おうと言ったお父さんではないよ。教子のお母さんだね。

No.2
おばあちゃんがバッグを作ってくれたから，自分も手作りのものをあげたいと思ったんだね。

No.3
午前9時から午後1時までだから，4時間だね。

No.4
教子が話したのは，イの「祖母のために両親と誕生日の歌を歌った」だね。

第7章　　　　作　文

基本問題

> 解答　No.1　（例文）We can give her some flowers.
>
> No.2　（例文）I can play soccer with him. It's bcause I can talk with him in Japanese while we are playing soccer.

 放送文 🎧15

No.1　⊛：Hi, John. Do you know our classmate Eiko will leave Tokyo and live in Osaka from next month?

We have to *say goodbye to her soon.

⊛：Really, Kyoko? I didn't know that. I'm very sad.

⊛：Me, too. Well, let's do something for Eiko. What can we do?

⊛：（　　　　　）

★say goodbye to 〜
「〜にさよならを言う」

No.2　Hello, everyone.

Next week a student from Australia will come to our class and study with us for a month.

His name is Bob.

He wants to enjoy his stay.

He likes sports very much and wants to learn Japanese.

Please tell me what you can do for him and why.

No.1では引っ越すクラスメートに，No.2ではオーストラリアからの留学生に対してできることを英文で書くよ。間違えずに書ける単語や表現を使って短くまとめよう。

日本語訳

No.1　女：こんにちは，ジョン。クラスメートのエイコが東京を去り，

来月から大阪に住むことになったって知ってる？

もうすぐさよならを言わなければならないわ。

男：本当に，教子？それは知らなかったよ。とても悲しいね。

女：私もよ。エイコのために何かしましょう。

何ができるかしら？

男：（　　　　　）

No.2　みなさん，こんにちは。

来週，オーストラリアから１人の留学生がこのクラスに来て，

一緒に１か月間勉強する予定です。

彼の名前はボブです。

彼はこの滞在を楽しみたいと思っています。

彼はスポーツが大好きで，日本語を学びたいと思っています。

あなたが彼のためにできることと，その理由を教えてください。

解説 Explanation

No.1
東京から大阪へ引っ越すクラスメートにしてあげられることを書こう。
（例文の訳）
「花束をあげることができるね」
「(人)に(もの)をあげる」＝give＋人＋もの

No.2
スポーツが大好きで日本語を学びたい留学生のためにできることと，その理由を書こう。
（例文の訳）
「僕は彼と一緒にサッカーをすることができます。サッカーをしながら，彼と日本語で話をすることができるからです」

練習問題

解答　No.1　ウ　　No.2　They should tell a teacher.

　　　No.3　（例文）I want to go to America because there are a lot of places
　　　　　　to visit.

 放送文　*16*

*Welcome to our school. I am Lucy, a second-year student of this school. We are going to show you around our school today. Our school was built in 2019, so it's still new.

Now we are in the gym.

We will start with the library, and I will *show you how to use it. Then we will look at classrooms and the music room, and _{No.1} ウ we will finish at the lunch room. There, you will meet other students and teachers.

After that, we are going to have *a welcome party.

There is something more I want to tell you.

We took a group picture *in front of our school.

_{No.2} If you want one, you should tell a teacher tomorrow.

Do you have any questions?

Now let's start.

Please come with me.

Question No.1：Where will the Japanese students meet other students and teachers?

Question No.2：If the Japanese students want a picture, what should they do tomorrow?

Question No.3：If you study abroad, what country do you want to go to and why?

覚えたい表現
Memory work

★Welcome to ～ .
「～へようこそ」

★show＋人＋もの
「（人）に（もの）を見せる」

★a welcome party「歓迎会」

★in front of ～
「～の前で」

「…ので～したい」＝I want to ～ because ….. は英作文でよく使う形なので覚えておこう。

日本語訳

解説
Explanation

私たちの学校へようこそ。私はルーシー，この学校の２年生です。

今日はみなさんに学校を案内します。

私たちの学校は2019年に建てられました，ですからまだ新しいですね。

私たちは今，体育館にいます。

まず図書館から始めましょう，その使い方を教えます。

それから，教室と音楽室を見て，No.1 ゥ最後に食堂を見ます。そこで，
みなさんは他の生徒や先生と対面することになっています。

その後，歓迎会をする予定です。

みなさんにお伝えしたいことがもう少しあります。

校舎の前でグループ写真を撮りましたね。

No.2 その写真が欲しい人は，明日先生に申し出てください。

何か質問はありますか？

では行きましょう。

私についてきてください。

No.1
他の生徒や先生と対面する場所は食堂＝the lunch roomだから，**ゥ**だね。

No.2
Ifで始まる文の後半の内容を答えればいいね。

Question No.1：日本の生徒はどこで他の生徒や先生と会いますか？

Question No.2：日本の生徒は写真が欲しい場合，明日何をすべきですか？

Question No.3：もしあなたが留学するなら，どの国に行きたいですか，
そしてそれはなぜですか？

No.3
したいこととその理由を答えるときは，
I want to ～
because …. の形を使おう。
(例文の訳)
「訪れるたくさんの場所があるので，私はアメリカに行きたいです」

P3	What do you want to do in the future?	あなたは将来何をしたいですか？
	by bike	自転車て
	Can you 〜?	〜してくれませんか？
	Can I 〜?	〜してもいいてすか？
	look at 〜	〜を見る
	have to 〜	〜しなければならない
P5	What's the matter?	どうしたの？
	last night	昨夜
	go to bed	寝る
	get up	起きる
	for 〜（期間を表す言葉）	〜の間
	stop 〜ing	〜することをやめる
	How about 〜?	〜はどうですか？
	Thank you for 〜ing.	〜してくれてありがとう
	for 〜（対象を表す言葉）	〜のために
P7	What time shall we meet?	何時に待ち合わせる？
	the ＋最上級＋ in ＋○○	○○の中て最も…
	no ＋人	（人）が１人も〜ない
	I've never 〜.	私は一度も〜したことがない
	keep ＋人／もの＋状態	（人／もの）を（状態）に保つ
P9	school festival	学園祭
	look 〜	〜のように見える
	next to 〜	〜のとなりに
	I hear（that）〜.	〜だそうだ
	be good at 〜ing	〜することが得意だ
	be glad to 〜	〜してうれしい
	over 〜	〜以上
	make a speech	スピーチをする
	the number of 〜	〜の数
	keep 〜ing	〜し続ける
	go up	増加する
	go down	減少する
P11	Have you ever been to 〜?	〜に行ったことがありますか？
	May I help you?	お手伝いしましょうか？／いらっしゃいませ
	look for 〜	〜を探す
	What are you going to do?	何をするつもりですか？
	go fishing	釣りに行く
	May I speak to 〜?	（電話で）〜さんをお願いてきますか？
P13	You have the wrong number.	番号が違っています
	I've just ＋過去分詞.	ちょうど〜したところだ
	be famous for 〜	〜て有名てある
	How long does it take to 〜?	〜するのにどれくらい時間がかかりますか？
	There is no 〜.	〜がない
P15	be ready	準備がてきている
	tell ＋人＋ to 〜	（人）に〜するように言う
	Would you like some more?	もう少しいかが？
	How much 〜?	〜はいくらてすか？

P17	Are you free?	(時間)が空いている？
	be out	外出している
	want ＋人＋ to ～	(人)に～してほしい
	Can I leave a message?	伝言をお願いできますか？
	Could you ～?	～していただけませんか？
P19	What kind of ～?	どんな種類の～？
	be surprised to ～	～して驚く
	decide to ～	～することに決める／決心する
	from A to B	AからBまで
	international	国際的な
P21	be held	開催される
	on the second day	2日目に
	a long time ago	昔
	Shall we ～?	(一緒に)～しましょうか？
P23	What's up?	どうしたの？
	for a long time	長い間／ずっと
	the same time	同じ時間
	invite ～	～を招く／誘う
	how to ～	～する方法
P25	What happened?	何かあった？
	so…that ～	とても…なので～
	feel sorry for ～	～に申し訳なく思う
	tell ＋人＋ that ～	(人)に～と言う
	improve	上達する
	encourage ～	～を励ます
	since then	それ以来
	keep ～ in mind	～を心に留める
	look forward to ～ing	～することを楽しみにする
	do one's best	ベストを尽くす
P27	ask ＋人＋ to ～	(人)に～するように頼む
	each other	お互いに
	That sounds good.	それはいいね
	a lot of ～	たくさんの～
	actually	実際に／実は
P29	environment	環境
	more than ～	～以上
	finish ～ing	～し終える
	one of ～	～の1つ
	the textbook says (that) ～	教科書には～と書いてある
	protect A from B	BからAを守る
P31	as ～	～として
	my first time	(私にとって)初めてのこと
	be happy to ～	～してうれしい
	sang	sing「歌う」の過去形
	How many hours ～?	何時間～？
P33	say goodbye to ～	～にさよならを言う
P35	Welcome to ～.	～へようこそ
	show ＋人＋もの	(人)に(もの)を見せる
	a welcome party	歓迎会
	in front of ～	～の前で

聞き違いをしやすい表現
Easy to mistake

 17

1 聞き違いをしやすい数

サーティーン　　　　　サーティ
thirteen「13」と thirty「30」

 アクセントの位置に着目

後　　　　　　　前
thirteen「13」と thirty「30」

フォーティーン　　　フォーティ
fourteen「14」と forty「40」

フィフティーン　　　フィフティ
fifteen「15」と fifty「50」

シックスティーン　　シックスティ
sixteen「16」と sixty「60」

セブンティーン　　　セブンティ
seventeen「17」と seventy「70」

エイティーン　　　エイティ
eighteen「18」と eighty「80」

ナインティーン　　　ナインティ
nineteen「19」と ninety「90」

2 聞き違いをしやすい英語

キャン　　　　　　キャン（ト）
can「できる」と can't「できない」

 次の単語との間に着目

間がない　　　　間がある
can ～　　　can't ～

ウォント　　　　　　ワントゥ
won't「しないつもり」と want to「したい」

フェアー　　　　　フェン
where「どこ？」と when「いつ？」

3 同じ発音で違う意味の英語

ワン　　　　　ワン
won「勝った」と one「1」

 単語の位置や文の意味で判断

「アイ ワン ザ プライズ」だったら
　　　　　→ I won the prize.
　　　　　私は賞を勝ち取りました

レッド　　　　レッド
red「赤」と read「読んだ」

「アイ チョゥズ ワン」だったら
　　　　　→ I chose one.
　　　　　私は1つを選びました

4 セットで読まれる英語

ゼァリズ
There is

 連語表現の発音に慣れよう

「ゼアー」と「イズ」を続けて読むと「ゼァリズ」
There　　　is

ゲラップ	ピカップ	オブニット	シェイキット	トーカバウト	ハフトゥ
get up	pick up	open it	shake it	talk about	have to
ワノブ	ウォンチュー	ミーチュー	ディジュー	ミシュー	
one of	want you	meet you	Did you	miss you	

高校入試対策

英語リスニング練習問題

基本問題集

≡ contents

はじめに・この問題集の特長と使い方 ……… 1 ～ 2

第1章 絵・グラフ ……………………… 3 ～ 6

第2章 次の一言 ……………………… 7 ～ 8

第3章 対話や英文と質問（1つ）………… 9 ～ 10

第4章 語句を入れる ……………………… 11 ～ 12

第5章 対話と質問（複数）………………… 13 ～ 14

第6章 英文と質問（複数）………………… 15 ～ 16

第7章 作文 ……………………………… 17 ～ 18

CDトラックナンバー 一覧 ……………… 19

※**解答集は別冊です**

はじめに

　グローバル化が急速に進展する中で，外国語によるコミュニケーション能力は，一部の業種や職種だけでなく，今後の生活の様々な場面で必要になってきます。

　学習指導要領では，小・中・高等学校での一貫した外国語教育を通して，外国語による「聞くこと」，「読むこと」，「話すこと」，「書くこと」の4つの技能を習得し，簡単な情報や考えなどを理解したり伝えあったりするコミュニケーション能力を身につけることを目標としています。

　これを受けて，高校入試の英語リスニング問題は，公立高校をはじめ私立高校においても，問題数の増加や配点の上昇が顕著になってきています。

　本書は，全国の高校入試の英語リスニングでよく出題されるパターンを，7つの章に分類し，徹底的に練習できるようになっています。リスニングの出題形式に慣れるとともに，解き方，答え合わせや復習のしかたがよく分かるようになるので，限られた時間の中で効率よく学習ができます。

　高校入試の英語リスニング問題は，基礎的な単語や文法が中心で，長文読解問題に比べればそれほど複雑な内容ではありません。聴き取れれば解ける問題ばかりです。

　本書で，やさしい問題から入試レベルの問題までを繰り返し練習し，入試本番の得点力を身につけてください。

この問題集の特長と使い方

1．準備をする！

　高校入試では一斉リスニングの場合がほとんどです。できればイヤホン（ヘッドホン）を使わずに，CD プレイヤーやスピーカーを準備しよう。

　問題は，章ごとに「基本問題」と「練習問題」があります。「基本問題」に取りかかる前に，「👆 ポイント」を読んでおこう。（🗨ヒント）や（🗨メモ），（⚠ミスに注意）にも，あらかじめ目を通しておこう。

2．問題に取り組む！

　準備ができたら，集中して音声を聴こう。間違えてもいいので必ず答えを書くことを心がけよう。

3．解答だけを確認する！

　ひとつの問題を解き終えたら，解答集ですぐに答え合わせをしよう。このとき，まだ放送文や日本語訳は見ないでおこう。解答だけを確認したら，もう一度音声を聴こう。正解した問題は聴き取れたところを，間違えてしまった問題は聴き取れなかったところを，意識しながら聴いてみよう。

4．放送文を確認する！

　今度は，解答集の放送文（英文）を目で追いながら音声を聴いてみよう。このとき，キーワードやキーセンテンス（カギとなる重要な文）を確実に聴き取れるまで何度も繰り返し聴いてみよう。途中で分からなくなったら最初から聴き直そう。

5．覚えたい表現やアドバイスを確認する！

　　解答集では，英語リスニング問題でよく出る「覚えたい表現」や，同じパターンの問題を解くときのコツなどをアドバイスしています。よく読んでおこう。

6．日本語訳を確認する！

　　解答集は，放送文と日本語訳が見開きのページに載っているので，照らし合わせながら確認しよう。内容を正しく理解できているか，会話表現の独特な言い回しをきちんと把握できているかを確認しよう。知らなかった単語や表現はここでしっかりと覚えておこう。

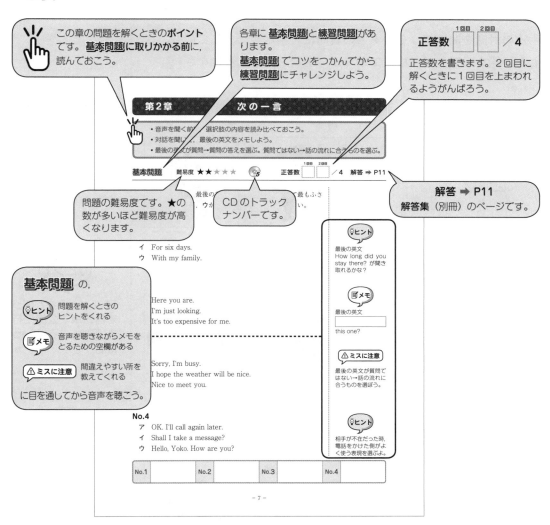

この章の問題を解くときの**ポイント**です。**基本問題**に取りかかる前に，読んでおこう。

各章に**基本問題**と**練習問題**があります。**基本問題**でコツをつかんでから**練習問題**にチャレンジしよう。

正答数を書きます。2回目に解くときに1回目を上まわれるようがんばろう。

問題の難易度です。★の数が多いほど難易度が高くなります。

CDのトラックナンバーです。

解答 ➡ P11
解答集（別冊）のページです。

基本問題 の，

ヒント　問題を解くときのヒントをくれる

メモ　音声を聴きながらメモをとるための空欄がある

ミスに注意　間違えやすい所を教えてくれる

に目を通してから音声を聴こう。

音声の聴き方

　　CDで音声を聴くことができます。CD以外でも，教英出版ウェブサイトでID番号を入力して音声を聴くことができます。ID番号を入力して音声を聴く方法は，都道府県版（別冊）の1ページをご覧ください。

- 音声を聞く前に選択肢の絵やグラフを見比べておこう。
- 絵やグラフを見比べたら，どんな英文が流れるか予想してみよう。
- 音声を聞きながら，答えに関係しそうな内容をメモしよう。

基本問題A　難易度 ★ ☆ ☆ ☆ ☆　　正答数 [1回目] [2回目] ／3　解答 ➡ P3

　次の対話を聞いて，そのあとの質問に対する答えとして最もふさわしい絵を，**ア，イ，ウ，エ**から1つ選び，記号を書きなさい。

No.1

ア　　　　　　　イ　　　　　　　ウ　　　　　　　エ

職業を選ぶ問題かな？

No.2

ア　　　　　　　イ　　　　　　　ウ　　　　　　　エ

「ヘルメットをかぶって自転車で公園に行き，野球をする」といった話かな？

No.3

ア　　　　　　　イ　　　　　　　ウ　　　　　　　エ

  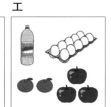

卵

みかん □ 個

りんご □ 個

ジュース

No.1		No.2		No.3	

次の英文や対話を聞いて，そのあとの質問に対する答えとして最もふさわしい絵を，**ア，イ，ウ，エ**から1つ選び，記号を書きなさい。

No.1

ア　　　　　イ　　　　　ウ　　　　　エ

ヒント

腕時計＝watch
掛け時計／置き時計
＝clock

No.2

ア　　　　　イ　　　　　ウ　　　　　エ

ヒント

天気：雨／雪
移動手段：
徒歩／自転車
どっちかな？

No.3

ア　　　　　イ　　　　　ウ　　　　　エ

メモ

昨夜 □　　。

今朝 □　　。

No.4

ア　　　　　イ　　　　　ウ　　　　　エ

⚠ ミスに注意

AMは午前，PMは午後だね。寝た時刻？起きた時刻？

No.1		No.2		No.3		No.4	

次の対話を聞いて，そのあとの質問に対する答えとして最もふさわしい絵やグラフを，ア，イ，ウ，エから1つ選び，記号を書きなさい。

No.1

ア　　　　　　　イ　　　　　　　ウ　　　　　　　エ

No.2

ア　　　　　　　イ　　　　　　　ウ　　　　　　　エ

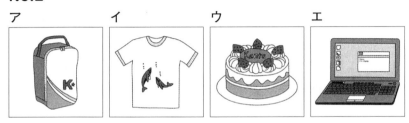

No.3

ア　　　　　　　イ　　　　　　　ウ　　　　　　　エ

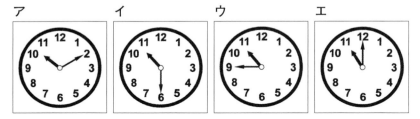

No.4　「球技大会で何をやりたいか？」～クラス別　アンケート結果～

ア　　　　　　　イ　　　　　　　ウ　　　　　　　エ

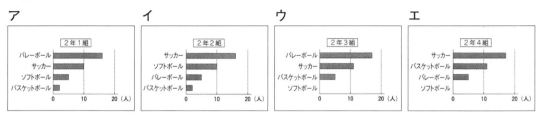

No.1		No.2		No.3		No.4	

次の対話や英文を聞いて，そのあとの質問に対する答えとして最もふさわしい絵やグラフを，ア，イ，ウ，エから1つ選び，記号を書きなさい。

No.1

No.2

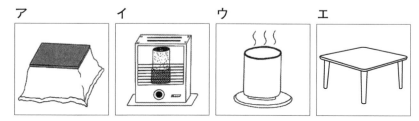

No.3

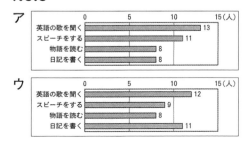
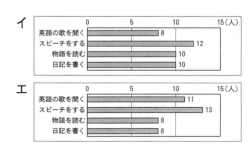

No.4

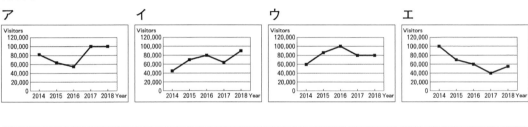

No.1		No.2		No.3		No.4	

> ・音声を聞く前に，選択肢の内容を読み比べておこう。
> ・対話を聞いて，最後の英文をメモしよう。
> ・最後の英文が質問→質問の答えを選ぶ。質問ではない→話の流れに合うものを選ぶ。

基本問題　難易度 ★★★★★　　正答数 [1回目 □] [2回目 □]　／4　解答 ➡ P11

　次の対話を聞いて，最後の英文に対する受け答えとして最もふさわしいものを，**ア，イ，ウ**から1つ選び，記号を書きなさい。

No.1
ア　By plane.
イ　For six days.
ウ　With my family.

最後の英文
How long did you
stay there? が聞き
取れるかな？

No.2
ア　Here you are.
イ　I'm just looking.
ウ　It's too expensive for me.

最後の英文

[　　　　　　]

this one?

No.3
ア　Sorry, I'm busy.
イ　I hope the weather will be nice.
ウ　Nice to meet you.

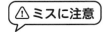
最後の英文が質問で
はない→話の流れに
合うものを選ぼう。

No.4
ア　OK. I'll call again later.
イ　Shall I take a message?
ウ　Hello, Yoko. How are you?

相手が不在だった時，
電話をかけた側がよ
く使う表現を選ぶよ。

No.1		No.2		No.3		No.4	

次の対話を聞いて，最後の英文に対する受け答えとして最もふさわしいものを，ア，イ，ウ，エから1つ選び，記号を書きなさい。

No.1
ア　I don't know your phone number.
イ　I see. Do you want to leave a message?
ウ　Can you ask him to call me?
エ　I'm so sorry.

No.2
ア　Sorry. I haven't washed the tomatoes yet.
イ　I don't think so. Please help me.
ウ　Thanks. Please cut these carrots.
エ　All right. I can't help you.

No.3
ア　Ten o'clock in the morning.
イ　Only a few minutes.
ウ　Four days a week.
エ　Every Saturday.

No.4
ア　Sure. I'll do it now.
イ　No. I've never sent him a letter.
ウ　Yes. You found my name on it.
エ　Of course. I finished my homework.

No.1		No.2		No.3		No.4	

第3章　　対話や英文と質問（１つ）

- 音声を聞く前に，選択肢の内容を読み比べておこう。
- 対話を聞いて，人物の名前や行動などをメモしよう。
- 質問を聞いて，誰の何についての質問かメモしよう。

基本問題　　難易度 ★★☆☆☆　　正答数 [1回目] [2回目] ／３　解答 ➡ P15

次の対話や英文を聞いて，そのあとの質問に対する答えとして最もふさわしいものを，**ア，イ，ウ，エ**から１つ選び，記号を書きなさい。

No.1

 ア She is going to do Mike's homework with her husband.
 イ She is going to cook dinner in the dining room.
 ウ She is going to go to the dining room with Mike.
 エ She is going to eat dinner with her husband and Mike.

マイク：[　]が終わった。おなかが[　]。[　]を呼びに行く。
母親：[　]の準備ができた。

No.2

 ア Yes, please. I want more.
 イ Help yourself, Lisa.
 ウ I'm sorry. I can't cook well.
 エ Of course. You can take it.

対話の最後のリサの勧めに対する答えを選ぶよ。

No.3

 ア They are in the nurse's office.
 イ They are in the library.
 ウ They are at a stationery shop.
 エ They are at a birthday party.

選択肢のThey areは共通だね。場所を選ぶ問題だよ。

No.1		No.2		No.3	

次の対話を聞いて，そのあとの質問に対する答えとして最もふさわしいものを，ア，イ，ウ，エから1つ選び，記号を書きなさい。

No.1

ア　This Saturday.
イ　This Sunday.
ウ　Tomorrow.
エ　Next Monday.

No.2

ア　To do Tom's homework.
イ　To bring Eita's math notebook.
ウ　To call Tom later.
エ　To leave a message.

No.3

ア　Because Mike said some museums in his country had *ukiyoe*.
イ　Because Mike learned about *ukiyoe* last weekend.
ウ　Because Mike went to the city art museum in Japan last weekend.
エ　Because Mike didn't see *ukiyoe* in his country.

No.4

ア　It took about 25 minutes from Toyama to Kanazawa.
イ　Hiroshi walked from Kanazawa Station to Kenroku-en.
ウ　Hiroshi went to many countries during his holiday.
エ　Hiroshi took a bus in Kanazawa.

No.1		No.2		No.3		No.4	

第4章　　語句を入れる

- 音声を聞く前に空欄を見て，聞き取る内容をしぼろう。
- fifteen「15」とfifty「50」などを聞き分けるために，数はアクセントに注意しよう。
- Tuesday「火曜日」とThursday「木曜日」の違いなど，曜日を正しく聞き取ろう。

基本問題　難易度 ★★★★★　　正答数 □ □ ／6　解答 ➡ P21

No.1　デイビッドと教子の対話を聞いて，【教子のメモ】のア，イ，ウにあてはまる言葉を日本語または数字で書きなさい。

【教子のメモ】

> お祭りのダンスイベント
> ・（　ア　）曜日に行われる。
> ・集合時刻は午後（　イ　）。
> ・集合場所は音楽ホール。
> ・Tシャツの色は（　ウ　）色。

📝**メモ**

お祭り:
□曜日〜□曜日
ダンスイベント:
□日目
開始時刻: 午後□時
集合時刻: □分前
Tシャツの色: □色

No.2　ケイトと英太の対話を聞いて，【英太のメモ】のア，イ，ウにあてはまる言葉を日本語または数字で書きなさい。

【英太のメモ】

> ・古い建物は（　ア　）である。
> ・約（　イ　）年前に建てられ，学校として使われていた。
> ・昔の人々がどのように（　ウ　）していたかを見ることができる。

⚠️**ミスに注意**

アクセントに注意して数を聞き取ろう。

No.1	ア		イ		ウ	
No.2	ア		イ		ウ	

No.1　マイクとリサの対話を聞いて，対話のあとに【リサがナンシーの留守番電話に残したメッセージ】の**ア，イ**にあてはまる言葉を英語または数字で書きなさい。

【リサがナンシーの留守番電話に残したメッセージ】

> Hi, Nancy.　This is Lisa.
> Mike's brother is going to stay in Fukuoka for three weeks.
> So Mike and I have decided to take him to a ramen shop next（　ア　）.
> They will come to my house at（　イ　）, and we will walk to the shop.
> If you want to join us, please tell me.

No.2　ジェームスとアヤの対話を聞いて，対話のあとに【アヤがジェームスに送ったメール】の**ア，イ**にあてはまる言葉を英語で書きなさい。

【アヤがジェームスに送ったメール】

> Hi, James.
> I enjoyed the concert today.
> I am happy because I can（　ア　）how to play the violin from you.
> I will see you at your house on（　イ　）.

No.1	ア		イ	
No.2	ア		イ	

- 音声を聞く前に，問題文をよく読み，登場人物の名前や立場を把握しよう。
- 音声を聞く前に，選択肢（と質問）から聞き取る内容をしぼろう。
- 音声を聞きながら，「誰が何をした」に関する内容をメモしよう。

基本問題　難易度 ★★★☆☆　　正答数 □ □ ／4　解答 ➡ P25

ALTのブラウン先生とケンジの対話を聞いて，次の質問に対する答えとして最もふさわしいものを，**ア，イ，ウ**から1つ選び，記号を書きなさい。

No.1 What happened to Kenji's basketball team last week?
ア　His team won the game.
イ　His team lost the game.
ウ　His team became stronger by practicing hard.

No.2 How does Kenji feel when he makes mistakes in the basketball game?
ア　He always feels sorry for his friends in his team.
イ　He doesn't understand how he feels.
ウ　He is encouraged by making mistakes.

No.3 When will Kenji have his next game?
ア　He will have it in December.
イ　He will have it in November.
ウ　He will have it in October.

No.4 Which is true?
ア　Kenji learned that he could improve his basketball skills by making mistakes.
イ　Kenji was encouraged by his friend's words and smile.
ウ　Kenji has played basketball for ten years in America.

📝**メモ**
- 先週の試合でケンジのチームは□□た。
- ブラウン先生は□□で□年間バスケットボールをしていた。
- ケンジはミスをすると□に□□と思う。
- ブラウン先生はミスをすると□に□□いた。
- しかし，ブラウン先生の友達がまた□□すればいいと言った。その□□と□□に励まされた。
- ケンジはブラウン先生からとても□□なことを学んだ。今ではミスをすることで□□□の技術が□□すると信じている。
- ケンジの次の□□は□月にある。
- ブラウン先生は□□を楽しみにしている。
- ケンジは□□□つもりだ。

No.1		No.2		No.3		No.4	

ダイキとキャシーの春休みの予定についての対話を聞いて，そのあとの質問に対する答えとして最もふさわしいものを，**ア，イ，ウ，エ**から1つ選び，記号を書きなさい。

No.1
ア　He lived in Tokyo.
イ　He lived in Sydney.
ウ　He lived in Osaka.
エ　He lived in America.

No.2
ア　Cathy will.
イ　Sam will.
ウ　Sam's parents will.
エ　Kate will.

No.3
ア　Yes, she does.
イ　No, she doesn't.
ウ　Yes, she has.
エ　No, she hasn't.

No.4
ア　She likes to send e-mails.
イ　She likes to go shopping.
ウ　She likes to go to the zoo.
エ　She likes to take pictures.

No.1		No.2		No.3		No.4	

- 音声を聞く前に，問題文をよく読み，話をする人の名前や立場を把握しよう。
- 音声を聞く前に，選択肢（と質問）から聞き取る内容をしぼろう。
- 音声を聞きながら，キーワードをメモしよう。

基本問題　　難易度 ★★★☆☆　　◎**13**　　正答数 [1回目 □][2回目 □]／3　解答 ➡ P29

ALTのグリーン先生が夏休みの宿題について話をします。それを聞いて，次の質問に対する答えとして最もふさわしいものを，ア，イ，ウ，エから1つ選び，記号を書きなさい。

No.1 生徒たちには，どのような宿題が出されましたか。
ア　A report about one of the problems written in the textbook.
イ　A report about what the students did during summer vacation.
ウ　A report about how to use the city library.
エ　A report about people around the world.

No.2 教科書には，何をしなければならないと書いてありましたか。
ア　To read books in the city library for the report.
イ　To finish writing a report about the problems in our environment.
ウ　To learn about how the Internet can help the students.
エ　To keep thinking about protecting our environment.

No.3 生徒たちは，いつ先生に宿題を提出しなければなりませんか。
ア　After the next class.
イ　At the end of summer vacation.
ウ　At the first class after summer vacation.
エ　At the last class of this year.

メモ

・[　　]前の[　　]。明日から[　]日間の休みに入る。
・[　　]問題についてのレポートを書く。英単語を[　　]語以上使う。
・[　　　　]についての[　　　]を読み終えた。
・[　　　　]の中で[　　　　]がある問題を選ぶ。
・[　　　　]には[　　　　]の誰もが環境を[　　　　]について考え続けなければならないと書いてある。
・詳しく知りたい人は[　　　　　]や[　　　　　]の本を利用する。
・[　　　　]でレポートを提出する。

No.1		No.2		No.3	

– 15 –

教子が祖母の誕生日パーティーについて話をします。それを聞いて，そのあとの質問に対する答えとして最もふさわしいものを，ア，イ，ウ，エから1つ選び，記号を書きなさい。

No.1
ア　Kyoko's grandmother did.
イ　Kyoko's mother did.
ウ　Kyoko's father did.
エ　Kyoko did.

No.2
ア　Because Kyoko makes a birthday cake every year.
イ　Because Kyoko couldn't buy a cake at the cake shop.
ウ　Because Kyoko's grandmother asked her to make a cake.
エ　Because Kyoko's grandmother made a bag for her.

No.3
ア　Nine hours.
イ　Six hours.
ウ　Four hours.
エ　One hour.

No.4
ア　She enjoyed a special lunch with her grandmother.
イ　She sang a birthday song for her grandmother with her parents.
ウ　She said to her grandmother, "Thank you."
エ　She showed the bag to her grandmother.

No.1		No.2		No.3		No.4	

第7章　　　　作　文

- 音声を聞く前に，登場人物と作文の条件を確認しよう。
- 本文→質問の順で放送されることが多い。質問は確実に聞き取ろう。
- 自信のない表現は避け，自分が正しく書ける表現を使って英文を作ろう。

基本問題　難易度 ★★★★☆　◎15　正答数 〔1回目〕〔2回目〕／2　解答 ➡ P33

No.1　ジョンと教子の対話を聞いて，教子の最後の問いかけに対する答えを，ジョンに代わって英文で書きなさい。

ヒント

転校していくクラスメートにしてあげられることを書こう。
We can ～「(僕らは)～できる」の書き出しではじめよう。

No.2　ALTのデイビッド先生の話を聞いて，先生の指示に対するあなたの答えを2文以上の英文で書きなさい。

ヒント

2文以上で書くよ。
質問で2つのことを聞かれるから，それぞれ1文ずつ書こう。
1文目は主語＋can ～「～できる」の形で書くといいね。
2文目の理由は
It's because ～ .
「それは～だからだ」を使おう。

No.1	
No.2	

カナダの高校に留学にきた日本の生徒たちに向けてルーシーが学校の案内をします。その説明を聞いて，次の各問いに答えなさい。

　No.1では，そのあとの質問に対する答えとして最もふさわしいものを，**ア，イ，ウ，エ**から1つ選び，記号を書きなさい。

　No.2 では，質問に対する答えをルーシーが説明した内容に合うように英文で書きなさい。

　No.3 では，質問に対するあなたの答えを英文で書きなさい。

No.1

ア　In the gym.
イ　In the library.
ウ　In the lunch room.
エ　In front of their school.

No.2 　（質問に対する答えを英文で書く）

No.3 　（質問に対する答えを英文で書く）

No.1	
No.2	
No.3	

CDトラックナンバー 一覧

第1章　絵・グラフ

基本問題Ａ　……………………　1

基本問題Ｂ　……………………　2

練習問題Ａ　……………………　3

練習問題Ｂ　……………………　4

第2章　次の一言

基本問題　………………………　5

練習問題　………………………　6

第3章　対話や英文と質問（１つ）

基本問題　………………………　7

練習問題　………………………　8

第4章　語句を入れる

基本問題　………………………　9

練習問題　………………………　10

第5章　対話と質問（複数）

基本問題　………………………　11

練習問題　………………………　12

第6章　英文と質問（複数）

基本問題　………………………　13

練習問題　………………………　14

第7章　作文

基本問題　………………………　15

練習問題　………………………　16

聞き違いをしやすい表現…………　17

🔊 **音声の聴き方**

　ＣＤで音声を聴くことができます。ＣＤ以外でも，教英出版ウェブサイトでＩＤ番号を入力して音声を聴くことができます。ＩＤ番号を入力して音声を聴く方法は，都道府県版（別冊）の１ページをご覧ください。